和谐校园文化建设读本

教师与家长沟通艺术漫谈

张桂红/编写

吉林出版集团股份有限公司

吉林教育出版社

图书在版编目(CIP)数据

教师与家长沟通艺术漫谈 / 张桂红编写. — 长春：
吉林教育出版社，2013.1(2022.10 重印)
(和谐校园文化建设读本)
ISBN 978 – 7 – 5383 – 7628 – 9

Ⅰ.①教… Ⅱ.①张… Ⅲ.①青少年教育 Ⅳ.
①G775

中国版本图书馆 CIP 数据核字(2013)第 013846 号

教师与家长沟通艺术漫谈
JIAOSHI YU JIAZHANG GOUTONG YISHU MANTAN   张桂红 编写

策划编辑 刘 军   潘宏竹
责任编辑 刘桂琴   **装帧设计** 王洪义
出版   吉林出版集团股份有限公司(长春市福祉大路5788号   邮编 130118)
       吉林教育出版社(长春市同志街 1991 号 邮编 130021)
发行   吉林教育出版社
印刷   北京一鑫印务有限责任公司
开本   710 毫米×1000 毫米 1/16   **印张** 11   **字数** 140千字
版次   2013 年 1 月第 1 版   **印次** 2022 年 10 月第 2 次印刷
书号   ISBN 978 – 7 – 5383 – 7628 – 9
定价   39.80 元

编 委 会

总 序

千秋基业，教育为本；源浚流畅，本固枝荣。

什么是校园文化？所谓"文化"是人类所创造的精神财富的总和，如文学、艺术、教育、科学等。而"校园文化"是人类所创造的一切精神财富在校园中的集中体现。"和谐校园文化建设"，贵在和谐，重在建设。

建设和谐的校园文化，就是要改变僵化死板的教学模式，要引导学生走出教室，走进自然，了解社会，感悟人生，逐步读懂人生、自然、社会这三本大书。

深化教育改革，加快教育发展，构建和谐校园文化，"路漫漫其修远兮"，奋斗正未有穷期。和谐校园文化建设的研究课题重大，意义重要，内涵丰富，是教育工作的一个永恒主题。和谐校园文化建设的实施方向正确，重点突出，是教育思想的根本转变和教育运行机制的全面更新。

我们出版的这套《和谐校园文化建设读本》，既有理论上的阐释，又有实践中的总结；既有学科领域的有益探索，又有教学管理方面的经验提炼；既有声情并茂的童年感悟；又有惟妙惟肖的机智幽默；既有古代哲人的至理名言，又有现代大师的谆谆教诲；既有自然科学各个领域的有趣知识；又有社会科学各个方面的启迪与感悟。笔触所及，涵盖了家庭教育、学校教育和社会教育的各个侧面以及教育教学工作的各个环节，全书立意深邃，观念新异，内容翔实，切合实际。

我们深信：广大中小学师生经过不平凡的奋斗历程，必将沐浴着时代的春风，吸吮着改革的甘露，认真地总结过去，正确地审视现在，科学地规划未来，以崭新的姿态向和谐校园文化建设的更高目标迈进。

让和谐校园文化之花灿然怒放！

本书编委会

目 录

第一章 关于教师与家长沟通的基本阐述

第一节 教师与家长的关系

一、新形势下，教师和家长的关系

师者，所以传道授业解惑也。现在的教育让教师传道授业的范围更宽广。要真正教育好学生，促使学生健康成长，不是单靠学校一方面教育就能实现的，而是需要家庭和社会的共同努力。教师一定会因为孩子的学习或者是行为等问题经常与家长进行交流沟通，所以如何维护与家长的关系就成了当前教育的重要课题。教师与家长之间多信任、理解，少指责是基础；多表扬、鼓励，少批评是方法；多沟通、合作，少指令是关键；多家访、沟通，少抱怨是途径。

（一）多信任、理解，少指责

一方面，有些家长或忙于工作，或忙于赚钱，对孩子家教意识淡薄，家长只注重孩子温饱而忽视了孩子学习成长，家长与孩子、与教师沟通的时间越来越少，不利于学生的健康成长；另一方面，有些家长缺乏学习经验、自身文化素质较低，不能根据时代变化和孩子的需要施教，认为孩子读不读书并不重要，所以对孩子放任自流；还有一些家长对孩子过分溺爱，对教师存有芥蒂，只要教师的教育稍加严格，便认为教师跟孩子过不去，家长歪曲的理解和错误的做法会导致教师和家长关系的不融洽，不能形成教育合力。所以，教师与家长在心理上一定要架起信任、理解的桥梁。家长爱自己的孩子，教师同样也爱自己的学生。没有爱就没有教育,只要双方多一点信任和理解,任何问题都可以沟通,任何障碍都可以克服。教师要多考虑家长的不容易,不要一味地指责家长;家长要多理解教师教学任务的繁重:一个班级几十名学生,学生情况千差万别,教学工作千头万绪。家长不要一味地抱怨教师。如果教师与家长能够互相理解,互相信任,密切配合,同步教育,那么效果将事半功倍。

(二)多表扬、鼓励,少批评

心理学家马斯洛在需要层次理论中提出:要善于发现闪光点,予以充分肯定、给予及时适当的表扬和鼓励,潜在的积极因素就容易激发。因此,教师在和学生家长的接触过程中,要首先肯定家长在教育孩子方面的成绩以及学生自身的优点,然后再指出孩子身上存在的问题,这样家长更容易接受,便于教育。教师不应只把眼睛盯在家长、孩子的缺点上,一味批评,而要想方设法去发现家长、孩子身上的优点和消极现象中的积极因素,从而达到良好的教育效果。

(三)多沟通、合作,少指令

教师要主动向家长讲明交流合作的重要性和必要性,介绍学生的在校表现和教育孩子成长的方式及方法;家长要介绍孩子在家的情况,介绍家教经历。方法可采取电话、家长会、家访、书信等形式,这样才能做到有的放矢。教师不能指令性地要求家长好好教育孩子,甚至对学生家长不礼貌、批评训诫,导致家长认为教师素质差、水平低,把孩子不能健康成长的原因归咎到教师身上,这种相互抱怨是非常不利于孩子发展和成长的。

(四)多家访、沟通,少抱怨

教师要主动家访、主动介绍情况,加深和家长的友谊,让家长感到可亲可信。教师千万不要因为恨铁不成钢,动不动就把家长请到学校“训斥”一顿。这样极容易产生与教师的敌对情绪。因此,教师要多家访,设身处地地为家长、为学生着想,在尊重家长、尊重学生的前提下,与家长探讨学生健康成长的途径和方法,坦诚相待,从而达到共同教育的目的。

二、教师与家长的合作关系

教师应提高自我与家长合作的能力,与家长建立良好的合作关系,力求以人为本,使每名学生都得到健康的、全方位的和谐发展,实现"教师用心,家长关心,学生开心",创造一个有序、健康、科学、规范的育人环境。

(一)教师与家长合作关系的原因

所谓合作关系是一种互相渗透性活动。从行为与目的来看,合作行为是教师与家长在相互依赖的关系中采取的协调行为,使得彼此能够互利。

目前,随着终身学习概念的提出,教育的功能也发生了变化。首先,信息时代的来临,改变了学生受教育的渠道。其次,从学生的生活空间看,家庭活动形式逐步由开放式(庭院型)走向封闭式(单元型),这使得学生难以广泛体验各种社会关系。所以,家长们在教育中产生了种种困惑,需要正确地引导,同时教师也在教育中感到了家庭教育与学校教育的不和谐,因而需要改变家庭教育的现状。所有这些问题的存在,使教师与家长的沟通与协调具有非常重要的意义,教师与家长密切联系,及时沟通教育信息,形成教育合力,必将对孩子的健康成长产生积极的影响。

(二)教师与家长合作关系中存在的问题

教师和家长良好的关系有助于孩子在家庭和学校中更好地生活、学习,能使教师在实践中得到情感上的支持,然而很多现实情况却并非如此。正如一位教育社会学家所指出的:"从理想的观点出发,家长和教师在以下两方面享有共同点:都希望事情朝着最有利于孩子的方向发展;

但事实上,他们却生活在不信任和敌意的环境中。都希望孩子好,但却是不同的'好',所以由此引发的冲突不可避免。"

1.教师和家长缺少必要的联系和沟通

教师和家长交往受阻,原因是多方面的。一方面是由于教师与家长的关系并没有一种组织隶属的性质,双方的关系是松散的。所以双方交往的内容、形式、数量也就带有很大的随意性。另一方面,也是由于缺乏必要的联系与沟通造成的。

2.教师与家长的教育思想与教育方法不同

由于教师与家长双方的教育素养不同,教育思想与教育方式也不尽一致,因此对学生出现的问题会有不同的认识、不同的理解,从而使双方发生心理分歧,产生矛盾。

3.对学生在成长过程中出现的问题所抱态度不同

教师和家长的矛盾,常常是由于学生在成长的过程中出现的一些问题所造成的。如有的学生发展进度总是不尽如人意,也有的学生存有某些不良的行为习惯,虽然纠正多次,仍有反复等。对此,教师和家长双方可能会相互埋怨、责备对方没有教育好学生,不考虑具体情况就把责任推给对方。

4.教师与家长合作中双方地位不平衡

这种不平衡表现为以学校教育为中心,教师指挥,要求家长配合,而教师很少考虑家长的需要和想法,使家长处在被动服从的位置上,或者家长本身缺乏参与孩子教育的意识。

(三)教师与家长合作关系在新时期与过去的区别

1.教师与家长之间的地位与关系发生变化

过去,在教育孩子的问题上教师是专家,家长是受教育者。现在,在教育孩子的问题上,家长与教师应该同样是教育者,是为着共同的教育目标——教育好孩子而成为平等的合作者。

2.教师开展工作的出发点和主要目的发生变化

过去,学校开展家长工作的主要目的是提高学校教育教学质量或改善办校条件,让家长来配合与支持班级、学校工作。现在,学校开展家长工作的主要目的不仅是提高办校质量或改善办校条件,还包括让影响学生发展的家庭因素、社会因素组织协调起来,形成合力,共同完成培养学生和谐发展的任务。

3.家长的教育需求和参与意识发生变化

过去,家长对教育机构和教师的教育需求比较单一,往往是被动地听从教师的安排。现在,家长教育知识的不断丰富,使得他们对教育的要求越来越多、越来越高。有些家长已能够主动参与其中与教师共同规划和设计,对孩子的教育意识也越来越强烈。

因此,教师开展家长工作应是从"为了使学生获得全面发展,教师和家长应该做什么和可以做什么"这一角度出发,与家长相互支持、相互配合、取长补短、共同努力。

三、教师与家长合作关系的类型及模式

在看待教师与家长的合作关系时,就是要看这种合作关系是否促进学生的发展及其促使学生发展到什么程度,借用物理学中力的分析来看待这个问题,假定学校教育与家庭教育对学生的影响是由一个支点发出的两个分力,两种分力所形成的角度就决定了合力(对学生实际可能造成的影响)的大小,而这个角度就是学校教育与家庭教育或教师与家长形成的某种关系。当学校教育与家庭教育的方向趋向一致、教师与家长的关系趋向融洽时,所形成的合力就越强大,即对受教育者正向的影响越大。

(一)教师与家长之间的合作关系分为三种基本类型

1.默默的合作关系:家长默默地支持教师的工作,但与其谨慎地保

持距离,不干涉教师的教学;

2.互相学习和支持的合作关系:这种关系虽然较理想,但实践中多是家长对学校的单方面支持,教师很少向家长请教;

3.积极的合作关系:家长和教师致力于共同的目标,常沟通、多交流,密切配合,一起完成教育孩子的过程。

(二)教师与家长之间的合作关系基本模式

1."以教师为本"的合作模式

这种模式是指以教师为中心延伸出去的能够满足家长需要的各项合作。这一模式包括内外环境分析、策划和组织、分工和指导、执行和评估。从内外环境分析到评估是一个不断循环的过程。

"内外环境分析",是指在具体制订合作策略的过程中,先分析影响合作的校内外环境因素,包括社会环境,家庭的能力、需求和态度,教师的交际能力、工作量等。通过对这些因素的分析,可以确定开展合作活动的具体内容。

"策划和组织",是根据对校内外环境因素的分析,确定推行教师与家长合作关系的有利因素和不利因素,然后有针对性地制订教师与家长合作关系的目标和策略的过程。

"分工和指导",是指制订合作的计划后,合理实施分工,请有经验的教师来指导的过程。

"执行"阶段,力求合作活动能得到家长的支持,从而成功地实施。

"评估"阶段,是对前面过程的检验和评价。

"以教师为本"的家校合作活动包括:家长访校、家长会、教师家访、电话访谈等。

2."以家长为本"的合作模式

"以家长为本"的合作模式是指由家长指向家庭的、能够配合教师教育的各项活动。这一模式包括家庭内外环境分析、策划和组织、分工和指导、执行、评估和反馈五个环节。

对家庭内外环境分析就是熟悉和了解每个家庭。家庭内部环境因素包括家长的受教育程度、教育素养、健康状况、年龄、职业、兴趣、需求、特长、家庭的构成、经济状况以及学生的年龄、健康状况、智力水平、兴趣爱好等。家庭外部环境因素主要包括亲戚、邻里、社区的自然环境和文化环境等。

通过对内外环境分析，确定教师与家长合作关系政策，合理策划和组织合作的活动。

"以家长为本"的合作活动由教师指导，执行阶段由有关人员按计划控制活动进度。

评估和反馈阶段，由教师和学校对活动效果进行阶段性的评估，从而为下一阶段合作关系的进行提供参考。

"以家长为本"的合作活动包括：家长学校、家长咨询委员会、家庭学习活动等。

3.两种模式的区别

一个是基于家长的信任等内容来维护合作关系——"以教师为本"的合作模式；另一个是基于家长的兴趣、需要等内容来建立合作关系——"以家长为本"的合作模式。这两种方法由于出发点不同，所以获得的效果也会不同。前一种取得效果的时间长，持续的时间也长；后一种取得效果的时间短，持续时间也短。

在教师与家长的合作关系中，我们应该努力为学生的生活、学习造就一个完整、没有阻隔的空间。

(三)教师与家长合作关系的具体方法和措施

1.加强教师与家长之间的沟通

(1)感情疏通法

教师与家长无论是在教育观念上的分歧，还是在教育出发点上的分歧，只要形成直接冲突，就必然会带来感情方面的冲突。因此感情疏通就成为解决问题的一种必要手段。使用此法时，可采用两种途径：一是与家长直接沟通情感，这有利于教师与家长互相说出心里话，使知情统一，顺利达成认识上的一致、情感上的相容。二是间接沟通情感。与家长直接沟通情感这种途径不适用于情感冲突激烈的情况，因此，有时我们也必须采用间接沟通情感的形式。如通过对学生的真诚关心与爱护解决情感冲突，或通过其他人表达自己的情感，以求达到谅解的目的等。

（2）技术沟通法

教师应利用家长会，向家长展示自己的教育理念和一些新的教育方法；利用家长接送学生的机会主动介绍学生每天的活动情况及突出表现；与家长一起为学生制订学习任务；向家长了解学生在家的表现、个性倾向等。任何一种方式都不是万能的，而采取多种方式进行沟通，往往在潜移默化中见成效。重要的是要让家长产生信任和理解，家长和教师彼此都能从对方那里学习到关于孩子教育的经验和知识。沟通的方式很多，可以召开"家长座谈会"、开设"家长俱乐部"、举办"家长沙龙"，充分听取家长的意见；通过"联系本"、"联系卡"及时与家长交换教育学生的意见；公布咨询电话、进行电话家访；开展"亲子运动会"、"亲子辩论赛"，创造家长参与学校教育的机会。渐渐地，家长与学校间的分歧少了，相互谅解和合作多了，教师与家长积极合作共同教育孩子，帮助孩子更好地成长。

（3）基于网络平台的合作交流

就目前而言，传统的沟通方式比较单一，随着经济的发展，家长由于工作繁忙不可能定期同教师会面，同时由于大部分学校电话数量有限，教师不可避免地要在家中接听家长的电话，这样也会造成诸多的不便，于是双方在沟通的选择上都比较被动。

因此多媒体网络平台为教师和家长提供了更多便捷的联络方式,灵活使用网络平台的工具,例如,短信、家校通、QQ 家长群、微信家长群……使教师和家长能及时了解孩子的情况,充分体现教师与家长的互不干扰的秘书式的个性化沟通。

2.家校配合,共同教育

由于缺乏对学校管理的整体性眼光,家长总是从自己孩子的角度出发来看问题,只注重自己孩子的感受。对此,学校应实行各级管理体制公开化、透明化,并请家长对于学校的整体规划提出建议,让家长站在学校管理者的角度考虑每一个孩子的利益,即通过教师与家长经常的联系与沟通和不同水平上的分工与合作,实现家庭和学校教育的一体化。其核心内容包括:

(1)发自内心地关心、爱护每一名学生,以学生的健康和谐发展作为一切工作的出发点和归宿,并让家长感受到这一点;

(2)正确认识家长的作用,尊重、理解、平等对待家长,服务于家长;

(3)正确认识学生是教师与家长建立合作关系的中心及媒介。

(四)影响教师与家长保持长期的合作关系的因素

有些教师与家长虽然建立了合作关系,但进入深层次的合作时,会感到缺乏有效的影响,难以与家长进行长期密切的合作。这也说明了建立合作关系是一回事,而保持长期密切的合作关系是另一回事。

那么如何解决这个问题呢?可以从两个方面入手。

首先,教师与家长建立合作关系之后,会有一个深化合作、建立信任感与认同感的过程。这个情感的建立需要家长对教师提供服务的质量、作用等方面内容的深化认识;也包括教师对自身信誉、实力的深化认识。

其次,教师对家长的影响力问题。作为合作关系主体之一的教师,在彼此合作中应当有所影响,但如何将这种影响适用于合作对象,使家长在教师的影响之下形成长期的合作呢? 这种影响力的产生,不仅仅依赖于教师单方面的服务,也与家长的心理有着密切的联系。

从心理学的角度来看,人的一个重要活动就是记忆。从记忆的效果来说,人的记忆分为感官、短期、长期记忆,如何让家长对教师有一个长期的记忆,这就需要教师掌握家长的具体变化,在动态合作中寻求平衡的支撑点,从而达到教师与家长间的长期合作。

(五)教师与家长合作关系的展望

教师与家长之间建立合作关系的方式有很多,但目的不尽相同,都应该是为了形成教师和家长平等、相互指导的氛围,从而回归到双向的、尊重的、诚实的和丰富的沟通交流。随着全社会教育意识的不断增强,家长群体素质的不断提高,教师和家长之间的合作关系也面临着更高的要求和难度。教师还应本着新《纲要》的精神和理念,不断深化与家长合作关系的内涵,丰富形式,挖掘资源,使其与学校其他各项工作互相督促,互为补充,为提升办校质量和赢取良好声誉打下坚实的基础。

第二节　教师与家长沟通的必要性

人们常说,父母是孩子的第一任教师。其实,在孩子的终身发展历程中,父母不仅是第一个影响源,更是孩子的终身教育者。

孩子的健康成长,单单靠学校或单单靠家庭都是不够的,教师观察不到学生在家的情况,家长也很难看到孩子在校的表现,孩子的教育需要的是两者之间的合力,这样的教育才会有针对性和连续性。这也是校园人际关系中难度较大的一种关系。因为家长的职业不同、层次不同,教育孩子的观念也不同,要让他们都能与学校"步调一致",真的非常不容易。为了培养优秀人才创造良好的教育环境,教师与家长一定要互相配合,和谐施教,共育新人。

近年来,世界各国都在强调教育的文化内涵,强调学校教育的开放,将学校、家长和其他社会力量看做是促进人的发展和提高教学质量的共同因素,并特别强调学校与家长之间的合作。国际社会普遍认为,教育仅仅依靠学校的力量是难以完成的,它必须依靠社会的各种力量,尤其是只有增强家长与学校之间的相互配合,才能更好地促进学生的健康发展,推动社会的进步。

一、教师与家长合作的现状

在我国,父母的价值观和道德观对子女教育的影响非常大。通过在家中鼓励或督促孩子学习,家长们成为对学校和教师都很有帮助的"默契的合作者"。家长多半是教师的默默的配合者:一方面,陪伴或辅导孩子做作业,为了能够更好地辅导孩子,甚至不惜牺牲休息时间,自学与孩子一样的课程。例如,有的家长为了更好地陪伴或辅导孩子学习,自己竟先自学好相关内容。在这个意义上,可以说中国的一些家长,可以称得上世界一流的辅导员。另一方面,积极做好孩子学习的后勤工作,"鞍前马后"地为孩子的学习服务。为了让孩子有更多的学习时间,不让孩子从事某些家务活动。家长们舍得花钱为孩子买辅导书,聘请家庭教师等等。

在家长与学校对孩子教育目标态度一致、教学技术相对简单的条件下,家长成了教师理想的默默无闻的支持者,他们不仅在家里督促学生用功学习,还很有礼貌地同教师保持一定的距离,尽量满足学生发展的需求以及教师提出的要求,也不对教师的工作进行过多的干涉。然而,这种默默无闻的合作关系背后是一种非平等关系。在如何教育孩子的问题上,家长没有多少发言权。在农村,因大多数家长文化水平比较低,或者没有什么文化,在掌握知识上教师有着绝对的优势,所以教师与家长的合作只局限于教师的主导地位。

在城市，就连一部分文化水平较高的家长也感觉到，在教师面前，他们缺乏教育孩子的经验、方法，最终还是"听教师的"。即便在今天，家长与教师的关系，大多情况下也还是这样。很多家长对教师的话言听计从，教师就是标准。相对家长而言，教师有着无可比拟的优势。一方面，教师有着进行教育教学所必需的系统文化知识和专门的学科知识，他们是经过专门培训的，以教育、教学为职业的专职人员，他们懂理论、有经验。另一方面，教师还是国家法律规定的行使教育权力的专职人员。

还有一个更为重要的原因，就是教育资源的紧缺，特别是优秀教育资源的紧缺，形成了教育的卖方市场。重点学校的存在，更加巩固、强化了教师的这一优势地位。因此，就形成了越是重点中小学的教师，在家长面前越具有优势地位的局面，在城市重点中学的教师面前，孩子的家长点头哈腰者有之；孩子一有过错，赔小心、赔不是者有之；逢年过节，大包小包送礼者亦有之；甚至以各种名义摆"谢师宴"来获得教师的好感。

在现实生活中，从对教师与家长关系的观察和一些家长的体会来说，双方的关系大多数是属于非对称性相倚型的互动。非对称性相倚是一方以对方的反应作为自己行为的根据，另一方则主要对自己的计划做出反应，这是一种不平等的相倚。一方依自己的计划办事，另一方则看着对方的眼色行事。在非对称性相倚中，对自己计划做出反应的一方，主动把握着互动方向与速度，而另一方则处于被动、从属的地位。如在日常教学活动中，教师经常要求父母配合教学，做些工作，尽管有的家长工作繁忙而力不从心，但对教师布置的任务却一点不敢马虎。不然，用他们自己的话讲："不但孩子要受老师批评，就是自己也有可能受到老师的批评。"这就是一种非对称性相倚的互动。究其实质，除了教师与家长之间感觉上的不平等外，父母们还敏感地意识到，他们已经把孩子的幸福交到了教师的手中,每位教师潜在地掌握了使孩子的学校生活愉快或者困难的权利。因为这个原因,许多父母都勉强而小心翼翼地处理自己与教师之间的关系,他们认为,如果打乱了学生与教师之间的关系,教师可能会发泄到学生身上。也就是说,教师是主动方,决定了关系的起点、进程和终点,而家长属于被动方,被对方牵着鼻子走。例如,不管是校委会、家委会还是班上的家长会等,都是由学校定时间、定地点、定内容。另一方面家长们排除万难参加会议,充其量只是一个"听众"而已。

二、教师与家长沟通合作的分歧

家长对孩子的成长起着至关重要的作用,如果没有家长的密切配合,如果教师不和家长团结协作,就难以达到理想的教育教学效果。因此,教师要在相互尊重、相互理解的基础上,积极与学生家长进行交流沟通,通过双方的密切合作和共同努力,以促进学生成长。

教师与家长的合作是由教师和家长通过沟通交往而实现的一种教育原则、教育要求、教育过程和教育方法,这种沟通与交往使教师和家长实现了相互交流思想、交换有关学生成长的信息、表达情感等目的。教师和家长之间进行平等的沟通交往,可以解决教师与家长之间存在的一些分歧。如:

1.教育观念的分歧

教师与家长在教育观念上存在的分歧主要体现在人才观、儿童观及合作认识上。

(1)在人才观方面,教师基本确立了正确的人才观,即符合社会要求与个体发展特点的人才观,认为凡是符合社会需要的、各级各类学有所长的、全面发展的个人都是人才。而许多家长则往往认为只有脑力劳动者才是人才。人才观的分歧,必然导致在教育要求、活动安排、教学目标、学科内容等方面的分歧。

(2)在儿童观上,教师倡导民主、科学、进步的儿童观。而有些家长仍残留着大量的封建宗法、男尊女卑的观念,认为孩子是家庭的隶属品、父母的私有财产。因而教师的民主待人、说服为主、理性的爱等教育方式与家长的以势压人、简单粗暴、武断、溺爱等方式必然产生分歧。

(3)在家庭与学校合作的认识上也存在一定的分歧。有的家长认为,孩子的教育完全是教师、学校的事,对教师存在强烈的依赖感。

2.教育出发点的分歧

教师把教育看做自己的社会职责,从社会要求出发对全体学生实施科学系统的教育;而家长则把教育看做自己的义务,从个人意愿出发对自己的子女实施自然的综合的教育。这样导致教育力量和教育责任归属方面的分歧。即教师既要面向全体,又要照顾个体;而家长只要对自己的孩子好就行。

3.教育方法的分歧

教师的教育行为一般来说是比较科学的、系统的、有目的性的,而家长的教育行为则是经验性的、零散的、自发性的、无序的、不系统的。

4.教育价值观方面的分歧

职业、交往、文化、地位、背景等具体因素直接形成了教师与家长教育价值观的矛盾。这种矛盾对学生发展产生两种相悖的心理:一方面是家长对孩子有着高期望值,从"望子成龙"出发,以唯子之所求为中介,到出人头地为归宿,不考虑孩子发展的现实与基础;另一方面,教师的教育价值观,受生存需要原则的支配,不期望孩子有较大的发展,这是比较严酷的现实。

三、教师与家长合作的误区

虽然教师与家长的合作既是社会发展的要求,又是学生发展的需要,教师与家长之间也有着根本一致的利益关系,但是,在实际的教育教学活动中,由于诸多主客观原因,教师与家长之间仍然存在一些问题和误区。

1.向家长推卸责任

当教师们遇到一些棘手的问题时,例如,某学生"不服管教"、"软硬不吃",师生关系就会变得比较紧张。这时教师就会采取转移矛盾的方法,把责任推卸给家长。教师往往会把学生家长请到学校,被请者大多心里有数,因为只有孩子出问题了,家长才会享受这样的"待遇",所以家长都是诚惶诚恐、毕恭毕敬地来到学校接受教师的训斥。

"你的孩子屡教不改。你把他领回去吧,我们无法教育了。"

"你是怎么教育孩子的,让孩子变成了这样!? 回去重新好好管教管教!"

"你的孩子真是少见,我对他彻底失去信心了!"

……

这些都是家长到校后经常听到的话。

2.教师一言堂

有很多时候,家长和教师在孩子成长问题上的合作与对话并非体现了一种平等关系。在农村,由于许多家长文化水平比较低,因而在教育学生方面,教师很少征求家长的意见;在城市,尽管有的家长有着较高的文化层次,但在教师面前,他们经常是被训斥的对象,他们缺乏发表自己意见的机会。

3.排斥家长

有些教师借口工作忙,不是积极、主动地与家长建立联系,而是排斥、疏远家长,认为与家长合作增加了工作量,不值得。也有一些教师认为,教师是职业教育工作者,教育学生是教师的事,与家长无关。家长是缺乏教育知识和经验的,对学校教育工作不了解,家长参与学校教育会使学校教育与家庭教育发生冲突,甚至削弱和抵消学校教育的效果。因而,他们对家长采取冷漠和排斥的态度。

4.利用家长

尽管人们经常把教师比做"春蚕"、"红烛",把教师看成太阳底下最光辉的人,无私奉献是这个职业的基本道德准则,但仍然有一小部分教师热衷于利用家长捞取实惠。不少教师接手一个班级,第一件事就是将学生家长及其主要社会关系的工作单位、职务、联系方式等一一登记在册,然后频繁地与家长取得联系,希望通过家长的关系为自己谋取一定的私利。也有一些学校的领导利用家长关系为学校谋取一定的利益。

上述这些教师与家长合作的误区不仅损害了师生之间、教师与家长之间的情感，也在很大程度上影响了学校的名誉和教师的形象。

四、教育的变革与发展需要新型的合作关系

在新的教育情境下，在课程理念、教学目标和授课方式发生变革，家长参与学校教学与管理的呼声日益高涨的情况下，原有的教师与家长默契的合作关系难以维持下去。如何建构新时期教师与家长的合作关系成为社会和学校、教师与家长面临的一项重任。

即使是在今天，教师作为专职的教育工作者仍是教育的主导者，因而可以说克服以上问题的主动权掌握在教师的手里。

一方面是不断变革发展的教育现状对教师提出了新的要求。教师如果想提高业务水平，就必须更为开放并且乐于接受家长批评，乐于让家长同自己接触。这是教师应对当今学生教育困难局面的最起码要求。虽然社会把教师当做教育的权威，但教师一定要意识到自己并不是教育的绝对权威，要知道"金无足赤，人无完人"。教师不可能仅凭所学的一点有限的专业知识就将学生父母都视为教育的"门外汉"而加以轻视。毕竟最了解学生的还是他们的父母。当今时代的学生个性明显，教育的方式方法必须因人而异。因而虚心接受学生父母的批评和建议对教师的工作绝对是有百利而无一害的。

另一方面，如果教师想要和家长平等地进行交流，使家长积极地参与到对其孩子的教育中，就要提高家长的认识。要使家长认识到与自己做学生的时代相比，当今的教育、教师和学生经历了哪些变化，以及为什么会发生这种变化，而这种变化决定了现在的家长必须积极地与教师进行交流与合作。做到这一点，一个方法就是由教师向学生和家长介绍关于学习方法的新的研究进展。通过坦率地介绍新的进展，解释获得的学习成果，以讲习班的方式展示新的教学方法，利用作业和展览使学生们的劳动和学习成果更加直观，布置一些需要家庭成员同孩子共同完成的家庭作业，向家长开放学校和课堂，都是使家长更清楚地认识到新式的

教学法具有重要意义的方法。

总而言之,就是应让家长在参与中提高认识,再在认识提高的基础上积极地参与。只有这样才有可能最终使教师和家长进行良好的、有效的交流,成为真正平等意义上的"合作伙伴",为共同的"理想"而奋斗。

五、只有通过沟通才能促进合作,只有通过合作才能消除分歧

如果教师真正希望父母成为学校教育的合作者,就需要在教师与家长之间努力形成双向交流,以消除教师与家长之间的分歧及不平等,建立和谐统一的平等关系。为培养新的职业精神以促进教师和家长之间的合作,一个重要的方法就是开辟多种沟通的渠道实现教师与家长的合作。如家长委员会、家长会、家长学校、家庭教育咨询、表彰家长活动、联谊活动、家长接待日以及使用家校通、便条、校报、学区通信、家校热线、家校合作指导手册、教师家访等方式来进行。

可以说,与学生父母保持多渠道的沟通与交流对教师、对学生家长、对学校,尤其是对教师所关心和教导下的学生都是有益的。

教师在与家长沟通交流时应注意的细节:

选择或者创设使家长和自己处于平等地位的环境;

关心家长们的孩子,询问有关他或者她的情况;

关心家长,询问有关他们的情况;

倾听、理解;

当提及学生的学校生活时,使用描述性的而不是判断性的语言,避免使用教育术语;

不要谈论别的父母或者他们的孩子,尊重所有家庭的秘密;

主动建立相互平等的关系,不要因为最初的失败而泄气;

在开学初期问题发生之前开始交流;

找时间与家长在一起。

六、培养沟通合作的态度和技巧

1.合作的态度

(1)尊重理解

不论家长的年龄大小、地位尊卑、文化高低,教师都要尊重理解他们作为孩子生命中最重要的人的地位,绝不要摆出教训人的架势。

(2)谦虚和蔼

教师与家长之间的地位是平等的,教师与家长交往时,应该谦虚和蔼、文明礼貌,营造和谐氛围,这样才会缩短双方的距离,家长才会敞开心扉。教师千万不要居高临下、盛气凌人。

(3)角色置换

教师要心平气和、设身处地地从家长的角度分析问题,认识、体察家长的心理。双方不能各持己见,否则会越谈越僵。

(4)一视同仁

对社会经济地位比较低、家庭困难、有残疾的家长要富有同情心;对社会政治、经济地位比较高的家长不要阿谀奉承,更不能提出无礼要求。

2.合作的注意事项

(1)"尊重"是教师与家长沟通的前提

尽管在教师与家长关系中,教师起主导作用,但他们在人格上是完全平等的,不存在尊卑、高低之别。因此,教师必须尊重学生家长的人格,特别是要尊重成绩不理想的学生和"不听话学生"家长的人格。对教育过程中出现的问题,首先要从自己身上找原因,还要客观地分析问题的症结所在,公正地评价学生的表现和家长的家庭教育工作,与家长共同研究解决问题的方法。

教师不要动辄向家长"告状",不要当众责备他们的子女。作为教师,更不能训斥、指责家长,不说侮辱学生家长人格的话,不做侮辱学生家长人格的事。否则会造成教师与家长之间的隔阂甚至对立,还可能引起学生对家长或教师的不满,损害教师的形象,降低教育效果。尊重别人是自尊的表现,也是得到别人尊重的前提,正如常言所说:"敬人者,人恒敬之。"

(2)"交流"是教师与家长沟通的重要手段

教师与家长的交流有电话、书信、家访、家长会等形式。教师每次家访最好事先与家长约定,不做"不速之客",以免使家长因教师的突然来访而感到不自在。家访一定要围绕事先确定的目的进行,也可以请任课教师陪同。一方面显得较有诚意与重视,另一方面也可以加强教师与学生之间的联系。教师在家访中要有诚心和爱心,讲话要注意方式,要多表扬学生的长处和进步。如果教师对家长抱有诚心,对学生拥有一颗爱心,那么,家长必然会成为教师的朋友。切记,表扬学生就是表扬家长,批评学生就是在打家长的脸。

(3)"倾听"是教师与家长沟通的艺术

任何教师,无论他或她具有多么丰富的实践经验和深厚的理论修养,都不可能把复杂的教育工作做得十全十美、不出差错。而且随着整个民族素质的提高,家长的水平也在不断提高,他们的许多见解值得教师学习和借鉴。加之"旁观者清",有时家长比教师更容易发现教育过程中的问题。因此,教师要放下"教育权威"的架子,经常向家长征求意见,虚心听取他们的批评和建议,以改进自己的工作。这样做,也会使家长觉得教师可亲可信,从而诚心诚意地支持和配合教师的工作。

3.合作的技巧

(1)称呼得体

得体的称呼会使家长感到亲切;可先问"您怎么称呼",然后根据家长年龄、身份、职务等具体情况确定一个合适的称呼;记住家长的名字。

(2)语气委婉

尽量避免用命令、警告、责备、提意见、训话的口吻与家长对话,这样会使家长产生防御心理。教师应用热情、关心、委婉的语气和家长平等对话;如果能加上风趣幽默的语言,就更能使气氛融洽、和谐、轻松。

(3)正确运用非语言技巧

非语言技巧包括面部表情、身体动作、手势、空间位置、穿着打扮等方式。面带微笑、手势恰当、握手有力、姿势大方端庄、穿着得体等。

教师与家长之间的沟通与合作,是一个不断深化合作、建立信任感与认同感的过程,这个情感的建立需要家长对教师提供服务的质量、作用等方面内容的深化认识;也包括教师自身信誉、实力的深化认识等。

4.合作的方法

其实教育的效果与途径不仅取决于学校,从某种角度来说家长才是孩子的第一任教师,大多教师的工作经历证明:没有家长的支持,学生的教育就会像纸做的房子一样不牢靠。然而,现在家长经济意识比较强,只顾赚钱,对孩子的管教也是只注重养,不注重教,娇惯溺爱或者武断粗暴,与学校教育背道而驰的现象也大量存在着。例如教师教育孩子心中要有他人、懂得谦让,而家长则要求孩子,如果别人打你,你也别客气,打不赢我们帮你;教师教育学生讲卫生懂礼貌,而家长却怕孩子累着。很多事实证明这种家庭教育与学校的不一致,只会使学校教育、家庭教育两败俱伤。教师是学校教育和家庭教育的桥梁,只有积极主动地担负起与家长合作、指导家长如何从实质上关心孩子,才能不断地提高家庭教育的效果。如何帮助家长树立正确的教育观念,走出误区,和家长共同完成教育孩子的任务,这就必须与家长好好沟通。如何完成这一任务,可以从以下几个方面去做:

(1)配合家长学校,统一教育观念

家长学校是有计划地向家长宣传国家的教育方针、政策,宣传、推广、普及科学的教育方法,提高家长的教育能力,提高家庭教育的质量和效益的最有效的途径,所以有些教师把自己收集和调查的家访记录进行了完整的归纳(如家长的文化水平、职业、经济状况等),并把他们在教育子女时比较好的方法和出现偏差等介绍给其他家长和任课教师,让教师在教学时做到因材施教、有的放矢,使家长学校的工作提高效率,真正服务于家庭教育和学校教育。

(2)开好家长会,获得家长支持

一个班级通常每学期举行两三次家长会。教师应充分利用家长会,从不同的角度向家长汇报自己的工作,如学生的身心特点、教育的指导思想、教学的进度等情况,让家长随时了解自己的班级工作,并对家长提出配合学校教育的具体要求,也让家长提出管理的建议,对好的管理建议应积极采纳。这样做的目的是让他们共同参与和配合教师对班级和学生的管理。

（3）开展亲子活动，实现家校和谐统一

集体活动能发挥娱乐、导向、育人的功能，教师应积极组织家长参与这些活动，如运动会、六一儿童节的汇报演出等，让家长带孩子比赛，并和孩子一起参加活动，认真扮演好自己的角色。当然有的家长文化水平不高，可能有时闹出了笑话，但这和谐的气氛已经让学生和家长，家长和教师都走近了。这些活动不仅能陶冶教师和学生的情操，也能陶冶家长的情操，从而实现学校教育与家庭教育的和谐统一。

（4）做好家访，关心了解学生

随着经济的发展，电话已经成为教师和家长联系的主要方式。除了用电话联系家长了解学生的情况之外，教师还可抽空去学生的家看看他们生活的环境，学生、家长和教师三方面对面地交谈，提出一些具体的方案帮助学生不断地进步。

成功的教育说得容易，做起来却是那么难，尤其作为教师，是学校教育直接的实施者，是使教育走向成功的关键。因此教师和家长对学生提出的应是同样的要求，无论在教育的方式还是教育过程中都不应和家长产生矛盾。只有和家长齐心协力，教育才能收到好的成效。

第二章 教师与家长沟通的重点和难点

第一节 教师与家长沟通的最佳时机

每天学生入校、离校时,门前总是异常热闹,车声、人声混合在一起,就像在奏着一曲交响乐。仔细算来,教师与每位家长接触的时间不到几分钟,时间虽短,但这时却是教师直接接触家长、与家长沟通的好时机。怎样利用这短暂的接送时间与家长沟通? 主要有以下几个方面:

一、沟通的形式灵活多样

1.谈话简短,但要引起家长重视

家长工作都非常忙,接送孩子时来去匆匆,早上送孩子怕耽误上班时间,下午几十位家长又几乎在同一时间出现,这就决定了教师与家长谈话时不可能长篇大论,只能采用简短谈话的形式与家长沟通。如在写字、计算方面对孩子要求过高的家长,教师要向他们解释学生的年龄特点,告诉他们过多、过急的要求会导致孩子产生畏难情绪,丧失自信心。如果几位家长都有同一种思想,教师可同时向几位家长一起说。一般谈话时间不超过 5 分钟。当家长有不同的看法时,教师应事先有计划,列出具体谈话内容,然后再分时间、分批向他们介绍正确的培养孩子的方法。

2.便条、短信是沟通的快捷途径

有时简短谈话并不能达到家校沟通的目的。此时,教师可采取便条、短信的形式与家长沟通。如教师可把学生在学校的表现及要求家长配合做的工作以短信的形式写出来,放入专用的家校联系袋中。家长也可随时将自己的想法、经验、建议写成便条、短信放入布袋中,反馈给教师,教师再对家长反馈的意见进行思考,与家长交流,力求保持家校教育的一致性。同时可以把家长好的经验复印下来,让家长们进行相互交

流。当然,教师提供给家长一些具体的指导是很必要的。

二、沟通的技巧

1.善于倾听,巧妙引导

在沟通的过程中,教师要善于倾听家长的叙述,不要随便打断、反对家长说话。当家长讲述后,教师再进行巧妙的引导。例如,有的家长反映自己的孩子在上学、放学的路上总是喜欢买零食吃,最多一天可花掉几十元钱。教师在听完家长的这番讲述后,可对家长提出如下建议:一是要求家长每天严格控制自己孩子零花钱的数量,很诚恳地向自己的孩子表明爸爸妈妈挣钱的不易,使孩子产生一种情感上的认同,让孩子自觉养成节约的好习惯;二是查阅有关资料,给孩子讲一些勤俭节约方面的故事;三是告诉孩子买零食吃的危害性,如一些零食不卫生,吃了会生病等。为了配合家长的教育,教师在学校可开展相应的一系列活动,帮助学生改掉吃零食的毛病,强化家庭教育的功效。

2.说话讲究艺术性

首先,教师与家长谈话态度要热情,特别是对那些难以接近的家长,说话时眼睛要望着家长,有诚意,让家长感到自己是受教师尊重和被教师接受的。其次,教师说话应幽默风趣,因为这样有利于与家长、学生之间的沟通,有利于给家长创造一个和谐轻松的环境,也有利于培养学生乐观的性格。再次,教师要力争多学习几种方言和风俗习惯,因为沟通的对象是家长,家长来自不同的层次,如果教师能用一些他们熟悉的语言与他们交谈,家长们会感到谈话的气氛更加亲切自然,这样更便于与家长达成共识。

总之,学生成长需要家校携手,教师利用一切可利用的时间与家长交流,并注意交流的艺术,定会收到事半功倍的效果。

第二节　教师与家长沟通的"禁忌"

教师教育学生需要与学生家长配合,形成教育合力。良好的家校关系,不仅有利于对学生的教育,而且从一定程度上反映了教师的教育能力、教育素养。然而,不少家长,尤其是一些所谓"差生"的家长,虽然内心有强烈的与教师沟通的愿望,但是却对教师"敬而远之"。究其原因,这与有些教师不注意与家长沟通的方式、方法有很大的关系。所以,教师在与家长谈话时一定要讲究语言艺术。

一、忌动不动就请家长

有些教师把"请家长"当做处理犯错学生的法宝,学生犯了错,不分性质与大小就"请家长",其实这样做十分不可取。"请家长"要把握一个原则——必须是"必要"才"请"。如果动不动就把家长"请来",久而久之,学生会对"请家长"麻木不仁,或记恨教师;家长也会有怨言,认为教师无能。

二、忌让学生通知家长

教师跟家长联系时,一定要亲自和家长通电话,并向家长简要叙述一下事情的经过,解释清楚请家长来校的原因及重要性,让家长了解事情的真相,有些心理准备。忌让学生通知家长,因为学生告知家长时,往往站在自己的角度叙述事情,可能会表达不清或者颠倒是非,使家长受到蒙蔽,对教师产生误解。

三、忌在"请家长"前不做准备

准备"请家长"之前,教师要事先把事情了解清楚,做到心中有数。还要掌握真凭实据,不能仅凭"听某个学生说的"或自己的主观臆断就认定某件事的情形如何。如果道听途说,或者没有确凿证据,到时候不仅不能取信于人,还会让有的家长抓住"把柄",造成无法控制的局面。

四、忌不会"察言观色"

教师要善于倾听和观察,通过家长的言语、神态和举止,准确抓住家长的心理,这样才能有效"征服""难缠"家长。与家长沟通时忌不会"察言观色",自说自话,否则就是很大的失利。

五、忌"一言堂"

教师和家长的沟通是个平等的交流探索的过程,切不可只是教师说家长听,家长也有倾诉自己观点的欲望,教师必须学会倾听,不要粗暴地打断家长,或对家长的话不以为然,甚至有"你不懂"、"你错了"之类的言辞。要注意肯定家长的教育成绩,调动家长教育孩子的积极性,防止有些家长自认为"管不了"孩子,而破罐子破摔,干脆撒手不管,由此增加学校教育的难度。

六、忌化友为"敌"

跟家长谈话时,教师要设身处地从家长的角度出发,分析问题、处理问题,这样就能与家长拉近距离,消除隔阂,形成统一战线。即便有时教师言语或行为不当,家长也能够理解。有的教师,请来家长后,向家长历数学生的种种"罪状",把学生说得一无是处。这势必引起家长的反感,无形之中把家长推向了教师的对立面,激起了家长的敌对情绪,增加了双方沟通的难度;有时家长甚至与孩子结成攻守同盟,共同对抗教师,这样一来,教师要解决好问题就更困难了。

七、忌"软""硬"过度

刁蛮家长通常言语尖刻,态度蛮横,盛气凌人。教师既不能被家长的气势吓倒,委曲求全,又不能"硬碰硬",使家长发火,让事情越搞越僵。无论遇到什么样的家长,教师都要心态坦然,不卑不亢,只有教师自己稳住了,家长才能够被"征服"。

八、忌说空话、套话

像"你家孩子表现不好,学习不认真,你回去要好好教育"这样的话,听上去语重心长,却会令家长感到茫然无措。教师应委婉指出学生存在的具体问题,和家长一起分析产生问题的原因,并真诚提出解决问题的建议。特别是有些文化素质不是很高的家长,他们对孩子的教育往往力不从心、不得法,又不知道该如何去做。如果能得到教师的指点和帮助,他们将会非常感激,对教师更加尊重,然后再以这样的情感去影响孩子,就使得师生感情更加融洽,能收到更好的教育效果。

九、忌"呼来喝去"

教育其实也是一种服务,学生和家长是教师的服务对象,从某种意义上说就是"上帝",况且,尊重和理解他人是每个人、特别是为师者应该具有的最起码的修养。不管学生家长从事何种职业、处于什么样的社会地位,教师都应一视同仁、平等对待。有的教师因为学生的一点小错误,动辄一个电话打给学生家长,要求他马上到学校来,也不管他是否在工作岗位上,合不合适听电话。家长心急火燎地赶到学校,说不定教师正在上课或是处理其他事情去了,让家长干等。或者是家长来了以后,教师三言两语就把他打发走了。如此,家长难免心生怨气。所以,叫家长到学校来要"少而精",选择适当的时间段,即使家长不能"呼之即来",也不代表家长对孩子的事不重视,更谈不上是对教师的藐视。

十、忌"孤军作战"

有些教师觉得自己班里的事情,捅到学校去不好,因此,总想把它隐瞒下来,自己悄悄地一个人处理好。其实,很多时候,一些"难缠"的家长,正是抓住了教师的这个心理,变得更嚣张,动不动就以此要挟。因此,教师应该正视问题出现的合理性,向学校领导和同事求助,千万不要孤军作战。

十一、忌"不分青红皂白"

通常的情形是,"差生"的家长到了教师的办公室,先是听教师数落孩子一大堆不是,然后免不了要和犯错的孩子一起挨训。诸如"你是怎么教育你们家孩子的?""你怎么对孩子这么不负责任?"家长百口莫辩,又急、又气、又羞,情急之下当着全办公室教师的面对孩子破口大骂甚至拳打脚踢,家长似乎要借此表明他对孩子是不吝管教的。但是,这样的教育形式很激烈,效果却很差。教师对家长应该心平气和、客观分析学生的优缺点,共同树立教育的信心,切不可把学生说得一无是处,伤害了家长的感情,更不能对家长讽刺、训斥。"亲其人,信其道",教师的话合情合理,家长口服心服,才能按教师的要求去做,真正形成教育合力。

十二、忌"舌战群儒"

有的家长为了给自己壮声势,向学校和教师施加压力,到学校来时,往往会叫上很多人一起来讨说法。众多的人同时跟教师"理论",你一句,他一句,教师会很难应付。加之这些人不是孩子的家长,对孩子或事情的具体情况往往不是很了解,常常只是为了哥们儿义气或亲友之情来帮忙泄一时之愤,解一时之气。这种情况下,应对不好反而会坏事,甚至会把事情推到不好收拾的地步。所以遇到这种情况,教师一定要明确表态:"我只跟孩子父母单独谈话,其他人暂不接待。"

总之,教师和家长在教育孩子的过程中是同盟军,理应相互尊重,相互理解,建立平等的关系。教师要放下架子,尊重家长,才能获得家长和学生的尊重,才能收到良好的教育、教学效果。

第三节　沟通融洽才能无障碍

——与刁蛮家长沟通的艺术

当遇到比较蛮横不讲理的家长,教师要尽量避其锋芒,退而设身处地为他着想,控制局面后再对他进行说服教育。

【案例】学生陈兵受伤了,班主任连午饭都没有吃,立即把陈兵送到医院缝合伤口,却遭遇了蛮横不讲理的陈兵家长的接连炮轰:"我的儿子受伤了,你们看都不让我们看一下,就缝合了伤口,你究竟是那个学生(肇事者)的什么亲戚? 你凭什么这么包庇他? 你们究竟是什么关系?"……面对这样咄咄逼人的炮轰,班主任差点流下了眼泪。

【案例分析】俗语"人上一百,形形色色",作为教师,只要教过几年书,什么样的家长都会碰到。遇到这样蛮横不讲理的家长,教师当时应该避其锋芒,然后退而设身处地为他着想,控制局面后再对他进行说服教育。教师应坚信,人心都是肉长的,每个人都有良知,沟通往往能够把矛盾化解。如果每位教师真的设身处地站在家长们的角度想问题了,家长再为难你,他们自己都会觉得不好意思。

一、要沟通和交流,而且尽量站在家长的角度去想问题,站在家长的位置去想办法

1.沟通是解决问题的根本途径

不要因为家长一时护子心切的冒犯之语而害怕,很多时候,他们那么说,仅仅是表达一下内心的不满而已,并不会真的把不满当做行动。教师要相信一点,越是向教师抱怨的家长,越是想和教师沟通的家长。当家长对教师彻底失望时,他会一声不响地给孩子转学,不会再让孩子留在你的班上。所以,沟通是教师和家长增进情感、疏通问题的最好武器。

2.把处理问题的理由向家长讲清楚

这里有一个技巧,那就是教师要把当时为什么这么做的理由告诉家长,告诉他们的时候,你要让他们始终明白一点——自己是为学生和家长好,没有其他目的。案例中教师其实也做了很多工作,可是家长就是不领情。本来好好的一个临时的紧急救助,在家长眼里却变成了掩盖事实真相的手段。造成这种局面的根本原因,就是教师没有把自己为什么这么做的理由告诉他们。如果教师坦白地告诉他们——孩子的安危是教师最紧要的牵挂,所有这一切都是为了让孩子平安,家长一定会谅解教师的。

3.要勇于承担责任

在处理学生突发事件时,教师要用勇于承担责任来打动家长。一个勇于承担责任的教师,也是一个值得依靠和信赖的教师。教师要勇于对家长说:无论如何,学生在校出了问题,自己也有责任。不要以为教师承担了责任,就是教师理亏。其实这是处理复杂事件的一个技巧,也是人际交往中的一个技巧。当教师主动承担责任的时候,对方就会从心理上接纳教师,认为教师是和他们合作的——这一点很重要。很多教师没有注意到这一点,总认为承担责任,结果所有责任都会跑到教师身上来。其实不然,勇于承担责任往往是合作的第一步。很多复杂问题的解决,都是从承担责任开始的。因为勇于承担责任的人,总是在向对方表示愿意合作。任何一个人都愿意和有合作意向的人继续谈判。

二、和刁蛮家长沟通的艺术和技巧

1."退"字诀:退是风度,更是智慧

有些教师觉得现在的家长工作越来越难做,有些刁蛮的家长,有时会不讲道理。所以对待刁蛮家长,教师就要讲究艺术和技术。

遇到难缠家长,第一要诀是知"退"。退才能避其锋芒,缓解矛盾;退才能保全自己,伺机反击;退才能反思问题,寻找突破口。只知进不知退,一味蛮干,急躁冒进,不但不能解决问题,还会让教师和家长都受伤。

(1)"退"是一种风度

"退首先是一种风度",这种风度就是理解和宽容,不计较家长的语气和态度。很多时候,教师学会"退",往往能够让家长意识到自己的错误,从而很好地配合教师和学校开展工作。

【案例】上学期初一年级家长会上,有个家长说话语气生硬、言辞苛刻,让人很不舒服。但班主任没有生气,也没有指责家长,因为班主任理解她是在为孩子成绩不理想而着急。会后,班主任心平气和地与她谈了两个小时。分别时,她对班主任的工作非常满意,并从内心深处表达了对班主任的真诚谢意。所以,面对难缠的家长,班主任的体会是不要把他们气急败坏时说的话当回事,教师的冷静、宽容和大度,往往能让家长意识到自己的不妥,使后面的问题得到很好的处理。

(2)"退"是一种反思

家长难缠,其实很多时候是教师们自己造成的,对此,教师们要深刻反思。例如,有的教师盛气凌人:"通知你那么长时间了,怎么才到啊?"有的教师把学生的错误迁怒于家长:"这就是你的孩子,怎么教育的,一点教养都没有!"有的教师处理问题简单粗暴:"把孩子领回去吧,别再来了!"等等。这种不恰当的言行往往会引起家长对教师、对学校的反感和抵触,甚至不再配合教师和学校的工作。

(3)"退"是一种换位思考

【案例】李娟老师对此深有体会。她的女儿上一年级了,她也摇身一变成了"家长",亲身的经历解开了曾经作为班主任的"迷惑不解"。以前看到学生作业本上家长那潦草的签名时,总是埋怨家长不负责任;而今,当李娟老师守在丈夫的病床前,接过孩子递过来的作业本,没做任何检查就签上潦草的姓名时,才发现做家长其实也不容易。以前让家长给孩子听写单词,可课堂检查却仍错误百出时李娟老师总怒发冲冠;而今,当女儿问爸爸单词却被告知错误读音时,旁边的她才恍然大悟……原来,有些家长的"难缠"不正是从教师主观武断的指责开始的吗?

从此,她学会了从家长角度看问题,学会了换位思考。结果,很多难缠的家长不但不再"难缠",还成了她教育孩子的同盟和朋友。

【案例分析】其实家长的很多难缠,是教师们没有换位思考的结果。

当人们总是站在自己的立场上看问题的时候,很难发现别人的难堪和痛苦。所以,当家长和教师们发生冲突的时候,教师们是否适当地想一想:假如现在教师是家长,会怎么办? 换位思考的最大好处,就是能够设身处地地为冲突方着想,即使不能有效地说服对方,至少也能发现自己思维的局限之处,从而让自己的心情平静下来。

(4)"退"是一种修养

这是很多教师共同的体会:教师们在家长面前的退,并不是怯懦,而是一种修养。因为教师和家长不是你死我活的矛盾双方,而是在教育孩子的工作上持不同意见的朋友和同盟,所以,教师没有必要和家长争得你死我活,关键时刻,教师要知退,知退是一种进的艺术。

很多教师一旦遇到难缠的家长,自己就乱了方寸,不是针锋相对,就是消极躲避。其实,这都不是应对难缠家长的妙诀。应对难缠的家长,最好的办法是用教师的修养去打动他们,影响他们。教师们要通过自己的言行,用知识分子应有的气度和胸怀去影响家长,用教师们足够的耐心、谦和的细心去感动家长,不因学生的过错而迁怒、责备家长,对家长充分尊重。如果教师能这样做,"难缠"的家长会变得越来越少。

【案例】古时候,有几个小和尚踩着椅子偷翻到寺院墙外去玩耍,很晚了也没回来。老和尚坐完禅,在院墙根发现了这把椅子,就默不作声,搬开了椅子,蹲在那里。夜深了,冷风嗖嗖,这时小和尚们翻墙回来了,他们一个一个坦然地踩着那把"椅子"下来。可下来之后,才猛然发现这把椅子不对了,刚想跑,就听见老和尚说话了:"天晚了,早点歇息吧!"老和尚说完,掸掸身上的土扭头走了。小和尚一惊! 原来是踩着老和尚的肩膀下来的,师傅不知在此等了多长时间了? 惭愧、不安、愧疚、自责的小和尚们施礼完匆忙离去,从此再也没有逾越寺规。

什么叫修养?这就是修养!修养就是圆润地解决问题的一种态度,修养就是宽宏地为人处世的一种气度,修养就是在教师明知"进"不行的时候,知道用"退"来达到目的的一种智慧……

当遇到刁蛮、难缠的家长时,教师要考一考自己——教师的修养够吗?

2."谋"字诀:谋是策略,更是方法

孙子说"百战百胜,非善之善者也;不战而屈人之兵,善之善者也""故上兵伐谋",应对难缠家长,最好的计策也是"伐谋",当面锣对面鼓地直接交锋,当是最没有谋略的办法,不得已再为之。

(1)沟通前不打无准备之仗

和难缠家长沟通之前,教师要做好充分准备。首先,要把与家长交流可能会遇到的问题和障碍设想一下,做好一定的心理准备;其次,要把学生的情况了解清楚。若是学生违纪,就要掌握学生违纪的真凭实据,掌握第一手材料,不能仅凭"听说"或自己的主观判断,这往往不但不能令家长信服,还容易造成自己的被动。例如,学生打架了,教师们就要把事情的起因、经过、结果、主要责任人等调查清楚,并让违纪学生把事情经过写下来,签上自己的名字,这样,教师们跟家长谈话时才有理有据,家长看见证据才不会无理嚣张。所以说,和难缠家长交锋,也要决胜于"朝廷"。

(2)尽量与家长成为朋友

难缠、刁蛮、无理取闹……,个别家长之所以让教师感到心烦和无奈,主要是由于教师首先从内心把家长推到了对立面。教师没有对其心理基础做出准确判断,更没有清醒地认识到他们是教师们教育学生的最佳帮手。如果教师能做到和家长坦诚相待,真心交流,共同商量教育学生(孩子)的方法,那么教师的教育效果一定会事半功倍,到那时,家长就真正成了教师的帮手而不是对手。

(3)关键是做到有的放矢

教师在多年的工作经历中,接触过很多家长,他们的行事方式各有不同,但从根本上讲,出发点都是关心孩子、爱护孩子,望子成龙、望女成凤,这些出发点和教师是相同的。要巧妙降伏难缠家长,教师就要围绕这一中心来仔细谋划。所以说,谋道的关键,就是抓住家长的出发点,有的放矢地来开展工作。教师与家长彼此理解,消除误会,就能够真诚、有效地合作,这样,难缠的家长就少了。

【案例】小倩辍学了,据同学反映她很想上学,只是她妈妈却不让上。班主任带着一个学生,转了几趟车风尘仆仆地赶到她家家访。班主任的到来让她们母女俩都吃了一惊。班主任让同来的学生与小倩在屋里聊天,班主任则站在院子里和她妈妈说话。

后来,小倩妈妈说出了不让小倩上学的真实原因——家里缺钱,小倩又管不住自己,经常乱花钱,因此,小倩上学给家里带来很大的经济压力。于是班主任说,小倩的钱班主任来管,不让她乱花,什么时候需要大的开销了,班主任往家里打电话证实。

就这样,班主任终于做通了小倩妈妈的工作,成功地让小倩入学了。两年来小倩表现得非常出色,后来,小倩成了非常优秀的模特。

教师与家长交流时,话要讲在刀刃上。针对性不强的话,讲一天,家长也不容易接受。

(4)寻求家长的理解

教师在和家长谈学生的问题时,要注意技巧,要肯定学生积极向上的一面,尽量让他们相信教师对学生做出的判断和反映是客观公正的,使家长理解教师们教育学生的良苦用心。不要让家长觉得教师总是自以为是,要想办法让家长认识到自己(或者孩子)有错,那么,让他们放下难缠的姿态也就容易了。

3.“攻”字诀:攻是技巧,更是艺术

教师研究应对难缠家长的策略,最直接的目的就是要难缠家长不再难缠。因此,选准角度,有技巧、有艺术地进攻,变被动为主动,就是教师们“攻”字诀的主要任务了。

(1)直接联系以减少家长的误解

少数家长到学校来闹,与学生向家长歪曲汇报有关。有些学生受了教师的批评，为了逃避责任，向家长汇报时就会隐瞒或捏造事实。家长偏听偏信，就到学校无理取闹。即使听了教师的叙述，觉得自己错了，碍于面子不好承认，只好将错就错，闹下去。所以，教师在学生犯了错误后，就应向家长通报学生的错误情况和学校的有关规定，与家长协商，引导其接受学校对学生的处理，以避免家长因听了学生的错误汇报而产生先入为主的印象，与教师和学校对着干。

（2）拿出证据让家长自己判断

有些家长难缠是其爱"护短"的表现，所以，当学生犯了比较严重的错误时，教师应及时、准确、客观地向家长讲述事情经过，家长对事情有一个比较全面的了解之后，就不会无理取闹了。

【案例】文文是班主任新接的学生，自由散漫，比较早熟。她父母生意繁忙，对女儿的变化并不太关心。一天上午，文文突然没来上课。班主任叫同学去请文文来学校上课，但她置之不理。吃中饭时，班主任再次叫与文文关系较好的同学去叫她来上课，可她仍然没来。于是，班主任决定下午放学后去家访。

还没有等班主任去家访，她妈妈却气势汹汹地来学校找人算账了。她在校门口破口大骂："我女儿在学校读书，好好地跑哪里去了？你们学校给我交出人来！"班主任忙去解释，可是，任凭班主任磨破了嘴皮，她就是说："我家文文今天不想来读书了，就是你这句话说的！是你害了我家文文啊……"班主任顿时觉得受到了极大的侮辱。这时，班主任无意间向外一瞥，看见文文正躲在校门外，向里面张望呢。班主任顿时明白了：文文为了达到逃学的目的，不仅骗了教师，还骗了家长。于是，班主任果断地对她妈妈说："你现在在这里说再多，也没有实际意义，你的宝贝女儿正在校门外等着看我们的笑话呢！"

她妈妈不相信，班主任立即带她来到校门口。看着他们来了，文文转身就跑。看着文文逃跑的背影，她妈妈一下就明白了。

这时候，班主任翻开随身带的工作笔记本，把班主任记载的文文的表现一五一十地说给她听，然后告诉她："不是我不关心她，而是她自己太不把我的关心当回事了。每次我要求她带话给家长,她都没有转达到……"班主任平时工作非常仔细认真,谈话时间、地点记录得清清楚楚,文文妈妈很快就信服了,对班主任连声说:"对不起。"

(3)要因人而异,采取不同措施

对粗暴型家长不妨冷处理,以柔克刚,切忌以粗制粗,以暴制暴,这样非但解决不了问题,反而会使矛盾激化;对"护短"型家长要动之以情、晓之以理,用巧妙的方式让家长认清护短的危害性;对"踢球"型家长要设法从学生身上找缺口,使家长从孩子身上看到光明和希望,从而理解、信任和感激教师;对"痞子"型家长提倡"忍"字当头,以礼遇应对无礼,同时也要善于保护自己,以防受到意想不到的伤害。

(4)要讲究技巧,"以柔克刚"

有些家长无理取闹,是因为素质不高或修养不够,也可能是个性或心理上有些问题,如脾气暴躁易怒、偏激执拗等。遇上这样的家长,千万不要"硬碰硬",否则双方会大动干戈,不易收场。教师可以采取"以柔克刚"的方法,不急不躁,耐心倾听家长说话,千万不要剥夺他们说话的权利。有的时候家长只是想让教师明白他们为什么发火,但是由于表达能力不佳而词不达意、愈说愈乱,以致恼羞成怒。这时候,教师可给家长倒杯水,然后竖起耳朵听就可以了。家长牢骚发完了、气出了,又见识到教师的宽容大度,自然会有所收敛。

【案例】在一家餐馆里,一位顾客大声地嚷道:"瞧瞧!你们的牛奶是劣质的吧,把这杯红茶都糟蹋了!"

"真对不起!"服务小姐连忙说,"我立刻给您换一杯。"

很快,一杯新的红茶送到了顾客面前,跟前一杯一模一样,但是旁边另放着新鲜的柠檬和牛奶。服务小姐轻声地说:"如果放柠檬,就不要加牛奶,因为柠檬酸会造成牛奶结块。"顾客的脸一下就红了。

有人问服务小姐:"明明是他的错,为什么你还换呢?"

"正因为他错了,才要用婉转的方法对待。道理一说就明白,用不着大声。"服务小姐笑着说。

是啊,有理不在声高。面对家长的不友好,教师不妨也学学这位服务员的方法,让家长自己明白错误。

(5)正面交锋要做到有度

①不争吵

遇到"难缠"的家长,教师首先要冷静,一定要克制自己的情绪,千万不要和家长发生争吵,更不能嘲讽家长的教育观念和教育方法。教师只有耐心地倾听,才能弄清楚家长要表达的意思。

②不迁就

在和家长沟通的过程中,如果家长说了些不妥当的话,教师应抱着"有则改之,无则加勉"的态度去对待,毕竟教师是教育工作者。同时,教师还要坚守自己的原则,不要摇摆不定,不要胆小怕事,不要妥协迁就。一个没有原则的教师,会让难缠的家长更加得寸进尺,令自己更加难堪。

③不放弃

教师们可以开诚布公地和家长分析问题产生的根源,共同寻求解决办法,并且努力让家长感受到教师对其子女的关爱及永不放弃。相信,家长迟早会理解的。

4."借"字诀:借是外援,更是环境

教师在工作中遇到难缠家长时,应学会"借"——寻找外援,用好教育环境的力量。

(1)借助通信工具巧妙沟通

现代通信技术给教师们提供了更多的便利,给了教师、家长双方大胆说话、安心静听的机会,因为它掩盖了羞、怒之容,缓解了冲动,增添了宽容,可以说它是新型的沟通方式。

【案例】曾经有一名学生犯错后,家长对其十分护短,教师前后连续给他发了一个星期的短信,最后,家长终于主动和教师联系,商讨教育的办法了。所以,借助现代通信工具,往往能够把很多不好当面讲的话准确地表达出来。

（2）借助学生发挥"纽带"作用

家长找到学校，大多是孩子出了什么问题。根据以往对家长个性特点的了解，有时，教师不妨让学生到场参与谈话，效果可能更好。但在事前，教师应先和学生好好谈一谈，让其明白自己的对与错，而且，最好在家长面前让学生自己讲出来。这样即使家长再难缠、刁蛮或无理取闹，因为有孩子在场，家长也会有所顾忌，这就在一定程度上减少了教师与家长冲突的发生。

（3）借用司法力量解决暴力冲突

【案例】一位家长对孩子的老师产生了误会，于是跑到学校来质问教师，说着说着，就动起手来……该教师只好请政教处教师帮忙。然而，家长仍余怒未消，不但出言不逊，还扬言要打教师。学校领导只好给当地派出所打了报警电话。几分钟后，民警赶到学校，做了笔录之后，民警告诉他："你的行为已扰乱了学校正常的教学秩序，够得上拘留了。"这时，家长的"怒气"才消，连忙向教师赔不是，向学校赔不是。

（4）借助家长互相影响

随着整个民族素质的提高，家长的素质也在不断提高，他们中的有些人是各行各业的精英或专家学者，他们在教育方面的许多见解值得教师学习、借鉴和依靠。适当的时候，让其他家长现身说法，往往更能够引起难缠家长的共鸣，事情处理起来会变得出乎意料地容易。例如，一位家长对教师处理学生问题产生了误解，结果到学校大吵大闹，教师请一些素质高的家长出面讲清真相，后来那位误解的家长不但停止了吵闹，还主动给教师打电话道歉。

5. "让"字诀：使刁蛮家长变温柔

有句话是这么说的："退一步海阔天空。"面对刁蛮家长，还有一个很关键的诀窍——谦让。谦让是中华民族的传统美德，是融洽人际关系的一种润滑剂。教师适当地谦让，往往能够让刁蛮家长变得格外温顺。

（1）微笑倾听，让家长宣泄

【案例】学生小正翻墙出去上网，班主任费尽辛苦地把他找回来后，通知了他的家长。

谁知家长到学校后,居然不分青红皂白地向班主任大发脾气:"学校怎么搞的?围墙怎么这么低?管理怎么这么差?小正要是有个三长两短,你们能担当得起吗?"

班主任微笑着让座,给他倒上水,可他根本不理这茬,继续向班主任"轰炸":"小正在家是个很乖巧的孩子,怎么到学校就变坏了呢?你们教师是怎么教的?"……

班主任真诚而微笑地听着。他知道,要让家长把愤怒和不满统统宣泄掉。此时,"听"是最好的"消炎药",它可以让家长的"嚣张气焰"由"盛"到"衰"。

(2)耐心解释,让家长反思

看到牢骚满腹的家长终于平静下来,班主任进入了"反攻":

"爱玩是孩子的天性,听说小正读初中时就特别喜欢上网,有好多次放学后没回家,是您从网吧把他找回家的吧?"

证据一出,家长有点不好意思了:"是的,这小子就是特喜欢上网!"

接着,班主任把家长请到窗边,指着围墙问:"您看这个围墙低不低?不低啊!为什么不低的围墙,孩子还是爬出去了?可见是网络害他太深了。不是我们推卸责任,您想想,我们学校有几千名学生,只有小正一人翻墙外出,这仅仅是我们管理不善吗?"

家长陷入了沉思之中。

(3)表明目的,让家长醒悟

"当然,我也应该检讨自己的工作,我们没能迅速有效地帮助小正戒掉网瘾,没有及时发现他翻墙外出的苗头,是我们做得不够。"班主任及时为家长搭了一个台阶,同时语重心长地对家长说:"请您来学校协商教育孩子的办法,就是为了孩子好。您想,翻这么高的围墙,摔伤了怎么办?经常上网,既伤眼睛又伤身体,受害的是谁?整天想着上网,哪有心思学习……"

原来班主任请他来是为了自己的孩子好,家长终于有所醒悟。

(4)提出方案,使家长支持

"我们应该怎么做呢?"家长迫不及待地向班主任求教。

"很简单啊!请您配合教师们做工作啊!但首先是千万不能祖护孩子,更不能在孩子犯了错误后一味地责怪学校和教师!"班主任和颜悦色地指出家长存在的问题。

"那是那是!今天是我不对,请老师不要计较。"家长连连向班主任道歉。

班主任把指导方案告诉家长,家长和班主任越谈越投机,并且表示,以后一定尽力配合教师,随时与教师沟通。

第四节　别让座位问题成为家长难缠的把柄

现在社会上,很多家长"挑学校、挑班级、挑座位",这已经成为他们安排孩子一生重要内容的"起步三挑"了。每到开学初,都有很多家长到教师那里去为孩子要求好座位。一旦没有挑到好的座位,他们就密切关注教师如何排座位。曾经看到过不少新闻报道,一些教师就是因为没有处理好座位问题,从而成为了舆论指责的对象。一些刁蛮家长,也借着这个座位问题,为难教师。

从做教师的那一天起,就要认真考虑这个问题,学会借用学生的力量,巧妙地处理这个问题。教师分座位时要尽量做到公平、公正、合理。

座位分配原则

1.定期循环制

这种方法可以使个子相同、但是成绩和性别不同的学生,均有机会坐上那些"黄金宝座"。教师与学生们商议后决定,每周换一次座位,按照事先制定好的循环更换的办法和顺序,时间到了,由学生自动调整。这个方法,好些名师都使用过,例如在魏书生的《班主任工作漫谈》里,就有详细的记载。这个方法很好,由于更换的频率大,使得一些家长的"招呼"落不到实处,时间长了,他们也就能够心平气和地看待座位问题了。

2.座位自调平衡制

权力下放，教师不再负责安排座位，座位由学生自己去跟同学交流请求，由他们自己协调相互的关系，想坐哪儿就坐哪儿。教师只负责宏观控制，确保一些基本原则：如，座位要体现出高矮因素来，除非是梯形教室，否则，应该是矮的学生坐前面，高的学生坐后面；提倡视力差的同学要受到适当的照顾，教师之所以说提倡，是基于一种科学认识，视力不好，应该去医院做矫正，如果不矫正，好位置反而害了他们，尤其是一些双眼视力不均衡的学生，更应该先去矫正视力，再来谈座位选择问题。但是，有一点教师应坚决反对，一定要意识到，不要按照学生的成绩高低来安排座位，这是一种明显的教育歧视。

3.淡化座位意识

按照常规排法，增加学生座位更换频率的做法，有利于淡化学生心目中的座位意识。如果让一些固定位置成为个别学生的特权，这不仅不利于他们的学习，反而会增加他们的心理压力，让他们感觉到自己受到了特别关注。教师以前的做法就是每月更换一次座位，每次更换时，均按照学生个头高矮、尊重视力差别的原则来，打乱原来的顺序，重新安排座次。这样做，教师的工作负担会相对大一些，但是好在每月也只有一次。学生也很喜欢这种方式，每次排座位，他们都会收获惊喜，交到新的朋友。

这种方法在教学中实践了好多年，效果很好。把安排座次的权力交给了班委会，由他们去自主安排。和一些学生座谈，一些学生说："不管坐在哪儿都得认真听讲，否则教师会毫不留情地提问我们。"据调查，大部分学生对座位的看法并不像家长们看得那么重要。很多学生说，教师的眼睛特别"尖"，即使你坐在最后一排，一举一动也逃不过教师的眼睛，所以坐哪儿都无所谓。还有学生表示，把座位往前调都是家长们的意思，其实自己根本不想调座。虽然偶尔前后左右有调皮的同学说话，搞小动作，但只要自己专心，就根本不会受到别人的影响。

一些任课教师也说，座位问题对学生学习的影响很小，对其影响最多的还是学生学习的主动性。他们认为,坐在教师"眼皮底下"并不代表学生上课的注意力就一定集中。事实上,只要班级纪律好,学生坐在哪儿听课都一样,教师的声音完全可以让每一个学生都听清楚。

到目前为止,家长的心态都比较平和,没有听到哪位家长对此提出过异议,也没有哪位学生,跑到教师这里来投诉。座位的问题,就这样淡化得不露痕迹了。

第五节　教师与单亲家长的沟通艺术

——别让学生的学习成为单亲家长情感的唯一寄托

随着离婚率的不断上升,单亲家庭越来越多,单亲孩子的教育问题也愈来愈成为一个令人感到沉重的话题。婚姻的破碎,家庭的解体,离婚对成人来说是一种解脱,但对孩子来说,无论如何进行弥补,都将是缺了边的月亮,那么作为单亲父母,当他们的婚姻无论以什么原因不得已画上句号,怎样从过去失败婚姻的记忆中走出来? 如何用乐观轻松的态度,重新营造自己的生活? 最重要的是,如何将离异带给孩子的负面性降到最低? 这都是每个单亲家庭、单亲父母所面临和必须解决的问题。

家庭是孩子的避风港、安乐窝,父母是孩子最亲密的人,最坚强的精神、情感支柱。因父母离异导致家庭破碎,孩子深爱着的父母将有一方会离他而去,生活环境和生活习惯的完全改变,同伴将对他"另眼相看",这一切会让多数孩子陷入从未有过的心理混乱与心理矛盾中,有时还会把自己的不幸归咎于父母,对父母愤怒和怀有敌意;有的孩子看见父母天天吵闹,宁愿他们早点离婚,可父母一旦真的离婚,他们又会有深深的负疚感和失落感。

一、单亲家庭对家长本身带来的影响

有的单亲家长,在丧偶或离异后,心里充满了孤独、自卑、忧郁、抱怨的恶劣情绪,表现在教育孩子上也心浮气躁。孩子只要做了错事,或有些举止不当,家长就会将自己对配偶的怨恨情绪发泄到孩子身上,对孩子说:"我是管不了你了! 我是没有办法了! 反正你爸(或你妈)也不要

你了,你想怎样就怎样吧!"家长语言中的无奈,暴露了自己内心的空虚,教育的无方,信心的不足。有的单亲家长认为,我是单亲,一个人教育孩子力量有限,太辛苦了! 对孩子的教育失去足够的耐心。面对孩子的缺点和不足,不是积极想方设法教育、帮助、引导孩子改正,而是一味地抱怨:"我怎么这么倒霉,家庭破裂,孩子又不争气!"这种抱怨情绪导致了对孩子的没完没了的指责、训斥、讽刺、打骂……这种没耐心的教育方法,使孩子的内心受到极大的伤害。孩子会常常感到孤独、忧虑、自卑、失望,情绪会更加低沉。孩子的这种心态,如果不引起家长的重视,不及时矫正,久而久之,就会使孩子的性格扭曲、心理变态,严重影响其情感、意志和品德的发展。

1.单亲家长不能因为孤身育子,就失去自信、耐心

【案例】一位单亲妈妈的苦恼:"对于孩子的教育,我是越来越没有办法了! 孩子刚五岁时我就离了婚,我一个人好不容易把女儿拉扯大,现在她上初一了,可是她一跟我说话就瞪眼,要不就斜着眼睛、狠狠地盯着我,我只要说让她改正一些过错,比如,不认真写作业啊、东西乱放啊、不干家务活啊……她就会跟我顶嘴。我离婚后住在父母家,父母年纪大了,我怕他们听到争吵声会跟着生气着急,于是,遇到这种情况,我就强忍着不发火,尽量不和她争执,可她得寸进尺,越来越不听话,事事跟我顶撞,有时,还用离家出走威胁我。我实在是没有辙了,这孩子太让我失望了……"说到伤心处,这位妈妈失声痛哭起来。

单亲家长一定要彻底摆脱孤独、忧郁、抱怨的情绪,把婚姻失败作为动力,相信自己一个人的肩膀也能承担起育子的重任。

2.把孩子出现的问题都归咎于家庭的不完整

还有一些单亲家长心里,就觉得自己的家庭和别人不一样,影响到孩子也认为自己和其他同学不一样。这些家长经常会说:"我是单亲家长,孩子缺少父爱(或母爱),孩子太可怜了!"这些话往往会给孩子的心灵罩上阴影。其实,在完整家庭中父母经常吵架对孩子的影响也很大。

单亲家长要知道，单亲家庭也是正常的社会现象。不要认为夫妻离异了，很对不起孩子，孩子无论提什么要求，都无条件满足。其结果是导致孩子处处以自我为中心，变成自私自利、专横任性的"小霸王"，这样的孩子缺乏同情心和责任感，不懂得尊重他人，往往瞧不起含辛茹苦养育他们的父母。因此，单亲决不是无原则迁就、溺爱孩子的借口。

3.单亲家长往往把自己全部的希望、梦想都寄托在孩子身上，过高的期望值导致孩子心理负担很重

单亲家长在失去配偶之后，就把孩子作为自己唯一的精神支柱，教育孩子力求处处高人一等，尤其在学习成绩上要求就更高了。如果孩子某些方面没有达到家长要求，心浮气躁的家长就会运用简单粗暴、没有智慧的教育方法：唠叨、扔书包、撕作业本、咒骂甚至动手打。家长把积压在心中的对离异那一方的怨恨，发泄在孩子身上，一味排斥对方，这样的话语孩子听多了，伤心的同时，也会在心理上对另一方形成排斥。这是单亲家庭孩子性格偏离正常轨道的一个很重要的原因。

二、父母离异对孩子带来的影响

据心理学家的调查，父母离异对不同年龄的儿童有不同程度的影响，大部分都表现为多疑、自闭、自卑，反抗性和攻击性强。很多单亲家长对离婚后的生活缺乏足够的精神准备，对孩子教育方法失当，有的放任自流，有的过度溺爱。尤其是带着男孩的父亲，离婚后对孩子的学习、生活照顾得很少，缺乏经验和耐心，父子的生活很容易陷入无序之中。面对粗心大意的父亲，缺乏自制力的孩子可能会放任自己，结交不良朋友，养成好吃懒做等坏习惯，甚至堕落到犯罪的地步。另有一些单亲家长，总认为离婚给孩子带来的伤害太大了，不忍心再对孩子严格地管教，过度纵容、溺爱的结果反而害了孩子。

经济困窘、生活无序和情感缺失，是单亲家庭的孩子最突出的问题。还有为数不少离异的父亲或母亲不给或少给子女抚养费，使孩子过早地品尝了生活的艰辛。这往往会使孩子陷入自卑之中，觉得自己事事不如

别人,胆小怯懦,进而封闭自己,不愿和他人交往。

此外,单亲家长也很容易把所有的期望寄托在孩子身上,因此投注了全副心力,完全没有自我的存在,当孩子达不到自己的期盼或违反自己的意志时,便觉椎心之痛,跌入另一波痛苦的旋涡,造成了单亲家长和孩子双方的压力与伤害。因此,教师要指导单亲家长:应留给自己及孩子更多的空间、时间,对孩子要注入更多的关怀与体谅,尽力化解亲子关系的紧张与冲突。

【案例】已经快期末考试了,李敏居然还隔三差五地迟到,班主任很着急。昨天才找她谈过话,今天早上又迟到了!班主任和她伏在教室走廊的栏杆边:"你这段时间时不时迟到,而且精神状态也不太好,是不是身体不舒服?""没……没有,闹钟……最近老出问题。"她吞吞吐吐地说,好像在刻意隐瞒着什么。"如果您没有什么其他事情的话,我是不是可以进去学习了?"李敏推了推鼻梁上那副 500 多度的眼镜,希望早点走开。班主任感觉到,她一定有什么事情在瞒着自己。李敏进教室之后,班主任决定给她家里打一次电话。接电话的是她妈妈:"啊,李敏这几天身体不太好,我带她到医院看医生去了。""可是李敏说,是家里的闹钟出了问题。"班主任不动声色地说。

"对对对,是闹钟出了问题,我上午才发现的……"李敏的妈妈马上改了口。听到这个解释,班主任心里有点不悦,口径不一致,分明是两个人都在说谎。现在居然有家长配合孩子说谎!班主任突然感觉到,不仅要教育好学生,还要引导好家长。

下午放学的时候,班主任征求李敏的意见:"如果你不介意的话,今天可否让我送你回去?"

"您是要到我家家访吗?"李敏有点紧张。

"怎么,不欢迎吗?"班主任笑着问。

"没,没什么……"李敏小心地措辞。路上,班主任边开车边和李敏聊天,班主任问她究竟是闹钟出了问题,还是身体感觉不舒服,误了起床时间。她坚持说是闹钟的问题,"但是,你妈妈说是你身体不舒服……"

"老师,您不要问了,是我看书看过了头,睡迟了……早上起不来……"李敏抑制不住委屈,伏在副驾驶座上哭了起来。班主任把车停下来,等着她恢复平静。过了好一会儿,她才说出真正的原因。

原来,她的爸爸妈妈离婚了。离婚之后,妈妈在亲戚中立下誓言,她一个人也要把孩子培养成才,她要让离开的那个人知道,离开她是多么大的错误。从此,她把李敏的学习当做了自己全部的感情寄托,只要孩子成绩好,她就高兴。一旦孩子有了什么失误,她就很伤心。

前不久,妈妈看到亲戚朋友的孩子都考上了大学,而且好些孩子不是钢琴过了多少级,就是参加了多少次省级舞蹈比赛,或者是谁的孩子美术作品又获得了什么大奖。只有她,还是一个没有任何特长的高中生,妈妈心里特别着急。所以,从上个月起,妈妈给她制订了一个宏伟的成长计划,每周一、三、五晚上去参加钢琴过级培训,周二和周四晚上参加英语口语培训,双休日还要参加写作兴趣班。

本来高中的学习负担就很重,她既要完成学校的学习任务,又要完成妈妈的任务,每天疲于奔命,真是恨不得把一个人分成三个人用。

班主任沉默了。现在,社会上的离婚率很高,很多家长离婚之后,没有了感情寄托,就把孩子的学习当做自己人生的唯一追求,这是不是太不合理了?如果孩子成绩好,各项技能突出,单亲一方也许会觉得好过;如果一切不理想,岂不是又要遭受一次打击?

班主任去家访,李敏的妈妈已经感觉到什么了。老师还没有开口,她就说,老师来了就好,她正有许多问题要问问老师。她絮絮叨叨地说:"李敏的表哥堂姐都是名牌大学的学生,那个人现在的妻子的儿子正在美国读博,李敏大姨妈的女儿今年要出国演出,李敏舅舅的儿子参加奥数比赛取得了省里的第一名……怎么就我家李敏没出息,我在亲戚面前简直抬不起头来……为了让李敏出人头地,我送李敏读钢琴夜校,上英语补习班,进写作兴趣班,可李敏怎么一点变化都没有!"妈妈这样说的时候,李敏瞪着一双 500 多度的近视眼,有点神经质地瞪着,眼神里充满了不知所措的恐慌。

听了李敏妈妈的一番话,班主任终于明白了李敏迟到的原因:由于虚荣和攀比心理作祟,李敏妈妈急于向别人证明自己,急于让孩子出人头地,于是就近乎疯狂地逼孩子学这学那,参加各种各样的课余辅导。但一个人的精力毕竟有限,李敏尽管每天学到深夜,可人毕竟不是机器,在不科学的教育安排下,她不仅没有达到妈妈的殷切期望,还把身体几乎累垮了。早上起不来,精神状态不好……还不得不在班主任面前撒谎。

【案例分析】李敏妈妈的心情可以理解,可怜天下父母心,自己婚姻失败之后,更迫切想让孩子成才!但方法、方式过激,适得其反了。思考了很久,等她情绪稳定下来后,班主任给她提了三点建议:

(1)钢琴、口语等特长教育固然需要,但必须适度,不能超过孩子的承受能力。这个世界上有很多好东西,但是不一定非得全部搬到自己家里来。教育不能够攀比,孩子的成长需要一个科学的教育环境,孩子的健康成长对他们的生活更有实际意义。如果现在的教育超出了孩子的承受力,孩子在精神、身体上出了问题,实在是得不偿失。

(2)帮助孩子掌握科学的学习方法,比具体学一门知识更为重要。班主任肯定了李敏的学习态度是全班最好的,可是,她一直没有找到科学的适合她自己的学习方法。因为她承受的各种心理负担和学习负担太重,她还来不及留一点时间思考、选择、建立适合她自己的学习方法。她现在像一头背负着千斤重负的牛,一心只想把货物送到目的地,背上的重负使她没有时间抬头看一看她正在走的路,结果别的牛已经到达目的地时,她还在一条弯路上疲于拉车。家长应该帮助孩子把负担卸下来,帮助她找到一种科学的、适合她自己的学习方法,而不是给她加包袱、添负担。衡量一种教育是否成功,要看这种教育是否为孩子的终生发展打下了基础,而不是看孩子暂时取得了什么成就。

(3)育人是头等大事,先成人后成才,培养一个人的可持续发展能力,比让他掌握一门技术更具有实际意义。一个人学业上的缺陷并不一定会影响他的一生,而道德、人格上的缺陷却可能害他一辈子。因此,健全的人格、良好的社会适应能力是孩子走向成功的必备素质,孩子只有具有健全的人格,才会有美好的未来。

三、教师指导家长应对策略

1.守住不伤害孩子的底线

为了孩子而勉强维持婚姻,并不能使孩子幸福,冷漠与争吵只会给孩子带来更深的伤害。离异与否并不重要,重要的是:守住一条不伤孩子心灵的底线。

其实离异事件本身给孩子造成的伤害,早在夫妻离异之前的不和、争吵状态中便已形成了。离异不过是这种不和争吵状态的结果而已。假如夫妻感情已破裂,仅为了孩子而勉强维系关系,这种家庭肯定笼罩着动荡甚至仇恨的气氛。孩子置身于这种氛围里,身心状态自然处在紧张不安之中。

2.将离婚对孩子的伤害降到最低

首先是夫妻双方应本着爱孩子的"主旋律",在道德上要有自律精神,要有做父母的良知,要有亲情上的责任感,各自守着一条不伤害孩子心灵的底线。

其次是双方在离异前应达成默契,在孩子面前不争吵,努力保持表面上的和谐关系。同时,父母可在日常生活中似乎不经意地提醒孩子:"如果爸爸妈妈准备分开住,你有什么想法?""爸爸(妈妈)想同你商量一件事,爸爸妈妈想分开生活,你愿意跟爸爸(妈妈)一块住吗?"这类的话语,这些话语能渐渐渗入孩子的心灵,使孩子有一定的思想准备。

3.单亲家长要保持阳光心态

单亲家长为孩子付出的一切,为孩子做出的牺牲让人敬佩。但也没有必要把自己的一切全寄托在孩子的身上。也就是说,没有必要把婚姻的不幸,全部赌在孩子的成功上。这种赌注无论成功与否,都是扭曲的。

单亲家长不要总是埋怨孩子。单亲家长应有一种阳光的心态,要热情地包容孩子,理性正确地对待孩子的优缺点。天下这么大,他们只有一个家,不管有没有出息,孩子都要回到这个家里来,即使这个家是不完整的,也总归是个家。家长要耐心、热情地对待孩子,用积极的心态去和孩子交流。教育时要讲究方法,不能让孩子感觉到厌烦。

单亲家长要努力控制自己的言行,家长的数落和责备,会令孩子与其的距离越来越远。尤其不要在孩子面前讲原配偶的坏话,更不能把孩子作为传递敌对信息的工具。父母应该记住,当你在孩子面前讲他爸爸(妈妈)坏话的时候,这些坏话首先伤透了孩子的心。

4.单亲家长也要给学生创造一个良好的学习、生活环境

据有关资料表明:单亲家庭的孩子精神最压抑,单亲家庭的孩子最容易患心理疾病,单亲家庭的孩子中上网成瘾的超出正常家庭孩子46.7%。这个数据让人吃惊。

单亲家庭的孩子之所以如此,其实很多时候,他们的家长有很大的责任,是家长把自己的不良情绪带给了孩子。

【案例】父母离婚时,陈重才4岁,是妈妈一个人把他带大的。因为陈重妈妈是一个要强的女人,她要让事实证明,她是最优秀的,离开了陈重的爸爸,她一样也能把陈重培养成人。

陈重很争气,成绩一直很好,小学时还是全区的三好学生。陈重的妈妈觉得,只要陈重好,自己吃什么苦都愿意。

可是,读中学时,陈重迷上了网络游戏。结果母子俩发生了激烈冲突。陈重的妈妈一直想不明白,她为孩子付出那么多,为什么他就不领情呢?她想起了离婚后的孤独日子,想起了一个人带孩子的种种艰辛,想起为儿子所付出的一切,对儿子的种种期望,以及由此带来的越来越深的失望……最后,陈重的妈妈拿起放在墙角的扫帚,朝陈重狠狠打

去……

这是陈重的妈妈第一次打他,也是打得最狠的一次。之后,陈重有很长的一段时间没有再去网吧。可暑假陈重一个人在家的时候,一位小学同学打电话给他,邀他一起去网吧打游戏。他经不住诱惑,又去了。

陈重的反复让妈妈变得爱唠叨了。只要两个人在家,她就苦口婆心地给儿子讲道理,更多的则是数落和责备。而妈妈的数落和责备,使其与陈重的距离越来越远。一回到家里,陈重就把自己锁在房间里。同住一个屋檐下,母子俩却好像是前世的仇人,见面连一句问候都没有。

【案例分析】

(1)情绪是可以互相影响、互相感染的。

很多单亲家庭的孩子生活得不幸福,最关键的就是单亲家长给他们带来了不良情绪的影响。离异后,特别是与孩子一起生活的单亲,务必要调整好自己的心态,避免在孩子面前过多地流露自己的悲伤情绪。

(2)单亲家长对生活要做一些改变。

单亲家长可以尝试把家里布置得温馨整洁,家里的门窗全部敞开。明亮整洁的环境能够改变一个人的心情。不要像案例中家里仅有的两个人,却一人锁在一间屋子里,造成的后果只有隔离和陌生。

第六节　教师与留守学生家长的沟通艺术

为人父母者,无论工作多忙,都要抽出一些时间来和孩子在一起,切不可图轻松,把孩子的抚养权和教育权都拱手交给老人。不然,我们将付出更大的代价来矫正孩子们那些根深蒂固的坏习惯。

在实际调查中发现,隔代教育的家庭,很多人对孩子的教育,往往从溺爱开始,以愤怒和寒心结束。

一、自己的孩子自己带

这几年,随着留守儿童犯罪率的上升,托付教育的弊端逐渐暴露了出来。但是,仍然有很多年轻的父母,由于工作的原因不得不将孩子交付给爷爷奶奶、外公外婆或别的亲友带养,甚至还有些家长,只给孩子请一个保姆了事。

从小在缺乏亲情的环境里长大的孩子,心理容易变得扭曲。湖南农村一名叫芳芳的小女孩告诉我,她七岁了,只见过妈妈三次,只有爷爷在向妈妈要学费的时候,她才能听到妈妈的声音,母爱对她来说是一片空白。一个外号叫"菠萝"的男孩说,他觉得自己是一个被抛弃的人,没有人会真正地关心他的情感需要。在一个乡镇中心学校,有四五个孩子说着说着就哭了起来。他们说,每次看到电视上别人的父母和孩子一起快乐地玩,他们就特别想把电视机砸烂……

二、隔代教育易养成坏习惯

有位教师说,开一次家长会,来的家长竟然一半是爷爷奶奶。而且,他还发现,班上最让人头疼的几个学生,家长会上居然清一色地来的都是爷爷奶奶或外公外婆。

的确,这已经是一个非常严重的社会问题了。随着生活节奏的加快,人们谋生的场所不断拓宽,家长们早已经不再围着原来的家庭轴心转了。很多农村家庭,父母把孩子托付给爷爷奶奶或者外公外婆带。年轻父母们,不是在外经商,就是在外打工,他们很少有精力和能力照顾孩子的学习与生活。在农村,随处可见六七岁的孩子,在六七十岁的爷爷奶奶的陪伴下做作业、玩耍,却很少看见他们父母的身影。另外,还有的年轻父母,因为没有可托付的人,被迫带着孩子在城市里穿梭,但是高额的择校费让他们头疼不已。

这种情况在城市里也一样存在。一些工薪阶层的年轻父母在生儿育女之后,就业压力很大,加上现在很多爷爷奶奶已经退休在家,就主动接过了孙子、孙女的教育管理工作,结果也出现了隔代教育现象。

隔代教育现象的出现也带来了相应的隔代教育问题。

一是祖辈的教育观念和思维很多已经跟不上时代的步伐,很难在三代人之间取得教育协调。老人的教育观念和年轻父母的教育观念常常发生冲突,使得孩子无所适从。而人都是有惰性的,孩子们常常在两个冲突之间选择对自己有利的一方来支持,进而说服管教自己的爷爷奶奶或者爸爸妈妈,从小就让孩子学会了耍两面派。

二是祖辈的知识面大部分已过于老化,他们的知识结构层次已经很难适应现在的生活、教育需要,结果只勉强完成了抚养任务,而很难尽到教育义务,导致孩子们的发展很不完善。很多老人承认,他们只能管好孩子的吃穿,教育几乎就是放任自流。

三是父母和孩子长期隔离,亲情关系会逐渐变得淡漠和疏远,让孩子有一种被抛弃和被冷落感,不利于孩子的健康性格的培养。很多孩子之所以变"坏",就是由于亲情得不到满足。

四是祖辈对孩子多迁就、少教育,多溺爱、少要求,结果使孩子养成了很多坏习惯。据调查统计,爷爷奶奶现在有一种很普遍的心理,就是认为他们自己做父母的时候,对孩子要求过严,对不起孩子,现在可以在孙子身上补偿一下了。因此,他们对孩子特别溺爱、迁就,如果孩子的父母要管教他们了,爷爷奶奶还会出面袒护,"你自己那时候还不是一样的,不要忘了自己是怎么长大的。"换位思考本来是好事,但在这里却成了爷爷奶奶指责年轻父母的一个理由。爷爷奶奶这样责备孩子的父母,管教就很难到位,孩子们反而在一边看热闹,早就忘记了祸是他们惹下的。

好习惯的养成用的是加法,要靠一点一点地积累强化,而去掉坏习惯用的是减法,要靠惩罚手段一点一点地消除。孩子长期生活在祖辈的袒护和溺爱下,那些坏习惯就得到了张扬,好习惯反而逐渐淡化了。

因此,家长无论有多忙,都有责任和孩子们一起生活,都有责任陪伴他们一起成长。

【案例】下面是某位优秀教师写给留守学生家长的一封信,希望可以对其他的教师有一些启迪和帮助,更希望用这些惨痛的教训警醒家长,用这些动人的话语温暖家长,用这些坦诚的呼唤感动家长,用这些诚恳的希望打动家长。同时,也希望用这些浅近的要求触动家长……那么,留守的孩子们就会有更多的幸福和希望。

致留守学生家长的一封信

尊敬的为梦想而远走他乡的家长：

　　您好！首先，请接受我对您的殷切问候——您辛苦了。为了让自己的孩子拥有更好的学习条件，为了让自己的梦想能够实现，您忙碌奔走在异地他乡，您这种为孩子吃苦耐劳的奉献精神，常常让我感动不已。正因为有了您的支持，孩子才走到了今天。

　　但是，我不得不提起我沉重的笔，向您写一封感情复杂的信。因为在这段日子里，先后有两个新闻事件，刺痛着我的神经。

　　一件是一对72岁的老夫妻，带了四个留守孩子在家里。由于春季地里忙碌，他们来不及把用来毒老鼠的薯块收藏好，就下地劳动去了。回来的时候，老夫妻为三个儿子、一个女儿带的四个留守孩子躺在院子里，永远地闭上了眼睛。

　　另一起事件，是一个大雨的午后，一位热衷于打牌的老奶奶对孩子疏于照顾，结果，第一个小孙子落水之后，第二个小孙子去拉他，也被拖下了水，然后第三个小孙子又去拉，又被拖了下去。当家中唯一的男人——老爷爷回来，发现院子里躺着三具被好心人打捞上来的尸体后，喊了一句"我怎么对孩子们交代啊"，然后喝下一瓶农药，操起菜刀，将老伴砍死……我实在不忍心继续把这件事说下去了，因为太让我痛心。

　　这是发生在留守孩子中的让人悲痛的事件。我多么希望这种事件不要发生在我们身边。

　　我知道，您在外奔忙，就是为了创造更好的条件，让孩子站在更高的起点上腾飞。可是，仅仅是有条件还是不够的。

　　我给您再讲一个故事吧！

　　我有一个亲戚，几年前要是提起他的儿子，他就笑得合不拢嘴，无比自豪：儿子从小学到初三，在班上一直名列前茅，大奖状小奖状贴满了墙壁，荣誉证书装了一抽屉，四邻和亲友都非常羡慕，常拿他的儿子做榜样教育自己的孩子。一家人因此把全部希望都寄托在了儿子身上。

　　在儿子顺利考上重点中学后，夫妻二人去了江苏打工。为了保证儿子能安心学习,他们每月按时把生活费寄给儿子。后来,儿子向他们打电话的次数越来越多,而且每次都是要钱。远在外地的夫妻抽不出时间来想想为什么,只是很放心地照儿子的要求按时寄钱。

眼看高考的日子快到了,夫妻俩带着为儿子攒下的数万元学费准备返家时,儿子却打来电话,说他不参加高考了,要出来打工。原来,儿子进入重点高中之后,由于第一次考试只考了第18名,这对于从小学到初中都是尖子生的他来说,简直是一次沉重的打击。在这关键时刻,没有人给他正确引导,他性格又比较内向,也不向人诉说,结果,第二次考试,他的成绩比第一次更差。这时候,心灰意冷的他开始用打牌、上网解脱自己。由于浪费了太多的时间,到毕业考试时,他已经是三门科目不及格了。眼看高考到了,他知道自己与大学彻底无缘了,更无脸见自己的父母和一向把他当做榜样的四邻,于是,他选择了外出打工这条路……

这样的结局让我的亲戚很想不通:他们辛苦打工到底为了什么?难道是为了让孩子一代一代地继续打工吗?

我知道,大家都怀揣着改变现实和命运、为孩子创造一个好条件的梦想出去打工,但是,如果我们忽略了孩子的教育和成长,我们的梦想能够实现吗?钱固然重要,但是钱换不来生命,换不来亲情,换不来幸福,换不来梦想。人生最宝贵的东西不是金钱、地位和财富,而是成长、快乐和幸福!世界上最好的教育也不在学校、老师,而在家庭和父母,是父母与孩子之间的情感互动,让他们懂得做人的道理。而只有懂得怎么做人的孩子,才懂得珍惜,懂得回报,才能够创造一切财富!

为了让孩子成才的梦想离我们更近一些,我特向您提以下五个建议:

(1)请您在可能的情况下,夫妻二人中尽量留下一人在家教育、培养孩子。

(2)每月务必和孩子通一次电话或者给孩子写一封信,直接向孩子了解其学习、生活情况,鼓励孩子努力向上。

(3)要经常与现在孩子的监护人联系,及时了解孩子的情况,请他们务必多关心和严格要求孩子。监督孩子不到游戏厅、网吧去,不要经常上网。

(4)要经常和学校的老师联系,及时了解孩子在学校的学习情况以及其他方面的表现。

(5)要尽量做到寒、暑假与孩子各团聚一次。

其实这五个建议并不难,难就难在坚持。那么,就让我们从今天开始,从现在开始,为了我们把孩子培养成才的共同目标,对孩子付出有效的关怀和温暖吧!千万别为了口袋,误了后代!也请您从现在开始,当您休息的时候,当节假日来临的时候,抽空想想孩子的教育问题!

最后,祝您身体健康,工作顺心,万事如意!

您忠实的教育合作伙伴

孩子的班主任　郑学志

这封信写了已经有好多年了。每年这位班主任都会补充一些新的内容。每次接新生班级的时候,他都会把这封信找出来,让那些留守学生工工整整抄好。然后,由他贴上邮票分别把它们寄出去。很多家长收到信后给这位班主任打来电话,说他的信让他们很受震撼!

相信,每位受到震撼的家长,必定会拿出改变现状的实际行动来!

第三章　教师与家长沟通的方法及技巧

第一节　教师与家长沟通的策略

学校教育要实现促进学生"全面和谐发展",离不开"两个教育者"——学校和家庭的密切联系和协调一致的配合。学校和家庭不仅要行动一致,要向学生提出同样的要求,且志同道合,抱着一致的信念,始终从同样的原则出发,无论是在教育的目的、过程、手段上,都不能发生分歧。教师不但对学生有"师者,传道授业解惑"的职责,还有和家长交流、沟通甚至要帮助家长更新观念的任务。如果学校、家庭教育的合力不是很好,原因很可能在于教师与家长的沟通不够,双方交流、了解不够。而教师在这一环节中担任着更为重要的责任。

教师和家长沟通是一门很深的学问,在沟通的方法上也有技巧,如果教师能加强这门学问的学习,掌握一些教师与家长沟通的策略,那么教师工作就会事半功倍,取得意想不到的效果。

一、以礼待人

1.选择良好时机

和家长进行沟通时,最好采用事先约定的方式。家长太忙或自己抽不出时间接待,都不是适宜的时机。有的教师在与学生产生矛盾无法解决时,请家长协助,家长一时抽不出身,而仍然要求家长赶来,结果问题不但不能解决,反而激化了矛盾。有的家长来访,而自己又没时间接待,把家长晾一边,尴尬的同时还易导致家长的抱怨。

2.礼节周到热情

不论家长到学校来了解情况还是教师去家访,教师都应注意自己外在的形象。整洁的衣着,焕发的精神会给家长留下美好的印象,这也是对家长的尊重。家访时要尊重他人的生活习惯。而家长来访时，教师要起身欢迎，让座递茶，家长走时要起身相送。而且要尽量使用文明用语，如"请坐"、"请喝茶"等等。这样就会使家长明白你是一位很有道德修养的教师，为彼此间融洽的交流奠定了良好的基础。

3.微笑真诚交流

在人际交往中，微笑的魅力是无穷的，它就像巨大的磁铁吸引铁片一样让人无法拒绝。教师在面对家长的指责时，要克制自己的怨气；不要和家长争执，更不要挖苦讽刺学生而伤及家长，脸上要充满微笑，真心实意地与家长交流，那么无论是多么尴尬或困难的场景，都容易渡过，并且容易得到家长的好感和认同，从而最终消除误解，解除矛盾。

二、以情感人

1.让家长明白教师对他的孩子的重视

事前要充分了解学生，包括学习成绩、性格特点、优缺点、家庭状况以及你为这个孩子做的一些工作等，必要的话也可以拟一个简单的提纲。这样在与家长交流时，就能让孩子家长明白老师对他的孩子特别重视，而且给家长留下教师工作细致、认真负责的好印象。今后在从情感上与家长就更容易沟通。

2.让家长对自己的孩子充满信心

和家长交流时，有些教师最头痛的是面对成绩不理想或不听话、不守纪律的学生的家长。面对孩子可怜的分数，无话可说；面对家长失望的叹息，无言以对。对于成绩不理想或不听话、不守纪律的学生，教师不能用成绩这一个标准而否定学生，要尽量发掘其闪光点，要让家长看到孩子的长处，看到孩子的进步，看到孩子的希望。对孩子的缺点，不能不说，不要一次说得太多，不能言过其实，更不能用"这孩子很笨"等等这样的评价。在介绍学生的优点时要热情、有力度，而在说学生缺点时，语气要舒缓婉转，这样就会让家长对自己的孩子充满信心。只有家长对自己的孩子有了信心，他才会主动地与教师交流，密切地配合教师的工作。

3.让家长明白自己的意见也非常重要

谦虚诚恳、专心倾听，会让家长感到自己很受重视。即使是一个牢骚满腹、怨气冲天,甚至最不容易对付的家长,在一位有耐心、有同情心、善于倾听的教师面前,也会被"软化"得通情达理。要认真耐心地听家长倾诉,同时要辅以眼神、动作,间或插以"对"或"是"这样的短句呼应;同时要表现出对家长心情的理解,坦诚地与家长交流,这样可以对学生情况有更全面的了解。

三、以理服人

面对自己孩子存在的各种问题,"望子成龙,望女成凤"的家长们往往束手无策,他们很苦恼,也很着急,他们迫切希望从教师那里寻找到解决问题的"灵丹妙药"。如果教师能够及时地提供一些合理的建议,将会增加家长对教师的感激和信任,从而树立教师的威信。而教师在给家长提建议时,要注意以下几点:

1.要委婉协商

教师面对家长时不能居高临下,不要使用"你应该"或"你必须"这样命令性的字眼,而应该说"我认为"或"你认为怎样"这些婉转、协商性质的词语,这样家长更乐意也更容易接受教师的建议。但也不能过于谦虚,在确定无疑时,语气也应该十分肯定,让家长知道教师的意见是不容置疑的。

2.要有针对性

在解答家长的疑惑、给家长建议时,一定要有针对性。要针对学生的实际情况,如成绩、个性等,不能模糊不清,泛泛而谈,让家长感觉不着边际,听似全有理却又不能解决实际问题,从而产生失望情绪,进而对教师的工作能力产生怀疑。

3.要准确实用

给家长的建议要条理清晰,言简意赅,最重要的是准确实用。没有把握的不要说,记不准确的不能说,要实事求是,不能言过其实,故作高深。如果教师的建议不准确、不合理,其在家长心中的威信就会大打折扣,所以教师要加强自身的理论素养,积极探索,勤于思考。

四、营造平等感

所谓平等,实质上是对合作伙伴的一种高度尊重。教师与学生家长之间的平等,是教育过程中合作者之间的平等。通过消除各种诱发心理障碍的因素,营造一种平等的氛围,使双方在心理、感情上接近和融洽,这是合作的基本前提。

教师与家长的关系应是平等的合作关系,教师与家长的谈话,切忌用教训式语气,而应像对待朋友或客人那样用商量、交流的口气;态度要真诚、随和,语气要温和,语调要亲切,语势要平稳,语境要清楚,语感要分明,使家长一听就明,能准确把握要旨,领悟当家长的应做些什么,从你的谈话中受到启发。

五、树立尊重感

在与家长交往的过程中,教师应做到文明礼貌,尊重对方。教师通常比家长更熟悉教育知识和教育手段,懂得教育规律。千万不能以教训式口吻与家长谈话,特别是当其子女在学校"闯了祸"的时候,教师仍要在谈话时给对方以尊重。也不能当着学生的面训斥家长,这样不仅会使家长难堪,有损家长在孩子心目中的威信,而且家长一旦将这种羞愤之情转嫁于孩子,极易形成孩子与教师的对立情绪。当与家长的看法有分歧时,教师也应平心静气地讲清道理,说明利害关系,既要以礼待人,更要以理服人。

六、流露真诚感

教师用真诚的言行与家长沟通,令其感动。以诚感人要做到诚与真结合;以诚感人还必须伴之以虚心,否则难以取得家长的信任。

七、要客观如实

教师要树立正确的"学生观",客观地、全面地、公正地评价每位学生,使学生家长听后,觉得这是教师的肺腑之言,感到学校教育的目的和任务是与学生家长的愿望相一致,从而做到心理相容,共同教育学生。教师在对家长介绍学生情况时,不可以漫不经心或是毫无根据地对其子女做出关于能力和行为的评价。教师对学生任何不尊重、不客观的评价,都会被家长牢牢记住,这样做不仅伤害了与家长的感情,还让家长为此困惑和伤心。因为家长都有一个"望子成龙,望女成凤"的思想,教师向家长过多列举学生不好的方面,会严重挫伤家长的自尊心,使家长对自己的子女产生一种"无药可救"的印象。这不仅无助于问题的解决,也是一种极不合理、极不负责任的做法。

八、要注意运用信心激励

在角色互换教学的实施过程中,学生能真切地感受到教师的期望,这是比期望本身更有威力的持久推动力。学生自然会产生一种自尊、自爱、自信、自强的心理,在这种心理的推动下,他们有了显著进步。教师在与家长沟通时,需要将这种期望和肯定通过家长传输到学生那里,产生意想不到的激励绩效。这一点在教师与"后进生"家长沟通时尤其需要重视。家长只有对自己孩子的教育有信心,他们才会更主动地与教师交流,积极配合教师的工作。

九、语言务求得体和有分寸

身为人民教师,在与家长谈话时也应该为人师表。得体的称呼,使对方一听称呼就有一种相知感,从而产生亲切感,缩短交流双方间的心理距离,甚至建立起感情基础。教师得体的语言,可以赢得家长的尊敬,增加家长的可信度,形成和谐的沟通氛围。所谓语言得体,最主要的是与职业身份、与场合、与交流的对象、与解决的问题得体。谦虚、客观、掌握好分寸、语气,不夸大,不说过火的话,不说力所不能及的话,不用过激词语,不摆逼人气势,语气诚恳等等。

十、要因人而异

针对不同的家长,教师要采用因人而异的方法进行沟通。沟通因人而异,关键在于真正掌握各人不同的性格心理特征,然后采取有针对性的沟通方法打动家长。一般的,对沉默寡言的人,应以多方开导为主;对性情急躁的人,说话要清晰明了,直来直去;对性格倔强的人,最好从他最感兴趣的话题慢慢引入;对优柔寡断的人,则应以果断的话语对待。总之,教师与家长沟通要因人而异,要做到恰到好处,把握分寸。

十一、要把握好沟通步骤的时序

"哪壶先开提哪壶",先介绍孩子的优点和进步,等家长有了愉快的情绪,再逐渐提一些建议,家长会更乐于接受。避免触动对方的逆反心理而迎合其顺情心理的策略;也可以采用变换语言或变换角度的手法来叙述。尽量不说家长忌讳的话语,在沟通中就可减少一些产生逆反心理的可能。

十二、方法建议要有建设性

原则上是提出问题,同时要提供可行性的建议,尽量避免"登门告状"、"乱发牢骚"的印象。教师应善于找到向家长提出要求的适当形式,语言尽可能委婉,建议最好有建设性。如:"你看,我们是否可以这样做……"、"你能否试一下这种方式"等。对于家长不符合教育要求的行为、观点教师应予以说服,向他们解释这样做对孩子教育所带来的危害。切忌将教师应当承担的责任推卸到家长身上,这样不仅证明教师的无能,而且证明教师的不负责任。

十三、要善于倾听、询问及引导

一位优秀的沟通好手,必然是一个耐心倾听他人的意见与善于询问、感受的人。教师千万不要只顾自己滔滔不绝,剥夺家长讲话的机会,而要积极饶有兴趣地倾听;要善于捕捉机会,反"客"为"主",反听为说;要多用开放式提问,尽量少用封闭式提问等等。

无论运用何种方式、何种技巧与家长沟通,最为关键的是要以诚待人,以心换心,同时努力提高自己的道德修养和理论水平,这样才可以架起心与心之间沟通的桥梁。

第二节 教师要懂得影响家长

在孩子成长发展的进程中,影响孩子发展的三大要素依次是家长、孩子同伴和教师。也就是说,在孩子成长发展的道路上,父母的影响作用要大于教师。教师要想成功地教育好学生就必须得到家长的支持与配合。因此,教师要懂得影响家长。

一、通过书信与家长沟通

教师通过书信与家长沟通的原因在于:

一是双方见面时间有限,而通过写信在时间上则比较灵活;

二是有些话如果当面对家长说,家长不一定能够接受,而通过书信可以在语言上更有分寸感,更容易打动家长。

给家长写信的方式主要有两种：

一是通过家校联系本给家长写信；

二是以传统的方式直接给家长写信。

所谓家校联系本，是给每一名学生都准备一个小本子，每天由学生写自己的在校表现和当日的家庭作业，然后由老师签字后让孩子带回家去，让家长了解孩子的在校情况，并督促孩子完成作业。

直接给学生家长写信，是针对一些特殊学生的表现而写，尤其是在家长不理解甚至不愿配合教师的情况下，就可以直接用书信向有关学生家长传递自己的想法。

如果没有家长的积极响应，教师单方面的努力很难奏效。只有教师和学生家长形成教育合力，教育才会取得真正的效果。

二、通过家长转化家长

请一些优秀的家长现身说法去影响其他家长，是教师常用的方式。虽然每个孩子都有自己的特点，每位家长都有自己的个性，但同样在一个班，接受同样教师的教育，为什么孩子之间会出现那么大的差异？这些差异虽然不能都归咎于家庭教育，但家庭教育肯定是一个重要因素。所以，家长之间的互相影响有时候胜过教师喋喋不休的说教。

一位优秀的家长往往会影响更多学生家长态度的转变，而这可能是单靠教师的说教所难以达到的效果。这就是通过家长转化家长。

三、通过家访感染家长

如果家访的目的仅仅在于向家长通报其孩子的在校表现甚至只是告状，那当然不一定非家访不可。在这通信发达的时代，教师只需要拨一个电话号码，一切不就可以快捷地解决了吗？

在条件可能的情况下尽量家访，是因为家访这种联系方式有着特殊的教育意义。家访体现了教师对学生真诚的关怀。对于一位优秀的教师来说，他之所以决定去某名学生家家访，首先不是因为这名学生没交作业或与同学打架了，而是因为这名学生可能需要教师的特别关怀。比如他是下岗职工的子女，或者他生病躺在家里已经好几天了，等等。当教师叩开一扇扇学生的家门时，面对突然到来的老师，学生及其家长所感受到的将是一种别样的温馨,而这种温馨显然是电话无法传递的。

家访有利于教师和家长之间心灵的沟通。坐在学生家里同家长朋友般地促膝而谈,比起在电话里三言两语地和家长对话,二者的心理体验是完全不一样的。前者是面对面的心灵交流,而后者只是例行公事般的情况通报。都说学校教育需要家庭配合,这种配合首先不只是让家长每天在学生作业本上签字,而更多的是设法使家长从感情上贴近学校,从心灵深处理解老师。离开了家访,这一切显然是很难达到的。

家访能让教师切身感受到学生的成长环境。如果说家长是孩子的第一任老师,那么,家庭就自然是孩子成长的第一个摇篮,了解学生家长的文化修养素质、家庭经济状况、家庭人文气氛等,将有助于教师在教育过程中对学生真正的理解,进而让教育真正做到一把钥匙开一把锁。

第三节 教师要有协调家长的能力

家庭是学生的第一所学校,家长是孩子的第一任教师。学生除了在学校接受教师和集体的教育外,大部分时间是在家庭和社会中度过的。因此,家庭和社会对学生的教育和影响是很大的。教师要做好班级工作,必须重视与学生家庭的联系。家庭是个人生活的基础,是社会的一个细胞。家庭环境是人生受教育的起点,是影响学生思想情趣、行为习惯、身心健康、学业成绩的重要因素。家庭教育是学校不可替代的教育力量,家长是教育孩子的直接实施者、影响者。教师要争取家长的密切配合,注意开发和利用对学生的思想、行为具有直接影响的家长这一特殊教育资源,以此形成对学生教育的合力。

一、了解研究学生家庭的分类状况

由于来自不同的家庭,家长对自己子女的态度、教育方式也会不同。因此教师只有认真了解和掌握学生家庭的情况,充分把握家庭对学生的影响,才能有针对性地做好家长的工作,争取家长的配合。根据家庭对子女的教育态度分析,一般有以下几种类型,不同的家庭类型呈现出不同的教育特点:

1.有教养型家庭

一般能配合教师对自己孩子的教育,家长对孩子的评价实事求是,家长为人通情达理,懂得教育孩子的科学方法。

2.溺爱型家庭

由于家长对孩子过分溺爱和放纵,一般出现对孩子畸形的爱,虽然能听取对孩子不足的评价,但不能协助教师教育孩子,而且比较缺乏教育孩子的正确方法。

3.护短型家庭

这类家庭对孩子的评价往往存在片面性,认为自己的孩子什么都好、什么都强、什么都是最优秀的,他们不愿意听别人讲自己孩子的不足。有的家长还反过来认为不是孩子不好,而是老师教育不当或认为老师对孩子有偏见。这类家庭的家长基本上不能与教师进行有效的合作,对孩子的教育缺乏理智,不能用正确的方法教育孩子。

4.放任型家庭

一般来说有两种情况:一是单亲家庭。这类家庭由于离异或丧偶,抚养的一方无暇顾及对子女的教育或者不能正确管教孩子。二是继父母家庭,由于不是亲生骨肉,感情上没有教育孩子的强烈责任感和期望感,因而对孩子的情况缺少责任感,甚至采取自由放任、不管不问的态度。

5.特殊型家庭

由于各种原因,这些家庭的孩子与祖父母或外祖父母居住在一起,老人对孙辈隔代人的感情胜于对自己儿女的感情,容易出现对孩子的溺爱与护短的双重弱点。

教师对上述各种不同类型的家庭要深入了解并认真研究其特点,实施不同的交往、协调方式,有针对性地做好家长的工作,使之成为积极的合作者,化消极因素为积极因素,充分发挥家长教育子女的得天独厚的优势。

二、开发家长的有效教育资源

教师积极有效地开发学生家长这个十分重要的宝贵的教育资源,是教师工作取得成功的有效途径,也是教育能够真正形成合力的关键。

1.转变观念,联系家长要经常化

教师在教育学生的过程中,应自觉地意识到没有家长的真诚合作是不可能实现学校教育和培养目标的。因此,教师要把家庭教育作为学校教育的一部分,把家长作为学生的"编外教师",联系家长不是"可有可无",而是教育过程的关键性环节,也是教师的主要工作职责。教师要强化自己的责任意识,有目的、有计划地加强与学生家长的联系,要改变"只要学生不出'问题',或者不出'大问题',就没有必要与家长联系"的思想。因为这种工作方式会造成有些学生家长误以为教师来与家庭联系,总是孩子有问题了,学生也害怕教师与家长联系。要改变这种认识不一致、教育不协调的现象,需要教师转变观念,把与家长联系列为教师的日常工作计划,做到联系学生家长普遍化、经常化和制度化。

2.和谐关系,尊重理解家长要人性化

和谐是中华民族的传统美德,与家长建立和谐的人际关系,这是取得家长对教育工作的配合、做好教育工作的重要基础。

(1)要尊重不同类型家长的人格

由于学生个体在思想、情趣、学习、品德、智商、情商等方面的情况存在着差异,因此学生之间会形成优、良、中、差等不同类型,从而家长也具有了不同类型的差别,如优生家长、差生家长等。但作为学生的家长,人格应该是平等的,理所当然应受到同样的尊重,尤其是一些后进生的家长,教师不能对其感情用事、乱发脾气,甚至挫伤他们的感情。

(2)对不同地位的家长要一视同仁

家长在社会经济地位、职业、文化层次等方面各不相同,但所有家长在培养教育孩子、希望孩子有出息、成为一个社会需要的有用人才这一点上是一致的,有着共同的愿望和共同的责任。教师要对具有不同地位的家长都应同等对待,不能"以貌取人",更不能"因财施教"。

(3)切忌向家长告状

有的教师对个别学生觉得"教育无方"就求助于家长,把家长请到学校,把孩子的"劣迹"诉说一通,或者亲自跑到学生家里去向家长告状,造成的结果不过是家长打骂孩子。这样容易造成学生、家长与教师的严重对立,达不到教育的效果。要创设和谐关系,教师就要尊重和理解家长,需要将心比心、设身处地、角色换位考虑问题,掌握科学的、人性化的工作方法,才能达到事半功倍的效果。

3.平等沟通,实现教育学生的合作化

为了最大限度地开发家长的教育资源,形成教育的合力,教师应该通过协调关系,与家长建立一种相互尊重、平等沟通、以诚相待基础上的亲密合作关系。

(1)教师应帮助家长强化双方的角色责任,摆正自身的位置,在学生面前要帮助对方树立威信,不要在孩子面前议论对方,甚至贬低对方,不能相互拆台,而是要相互补台。

(2)教师应与家长共同探讨孩子教育和成长的客观规律和科学方法,把教育孩子纳入科学的轨道。教师与家长可以建立定期或不定期的联系,互相及时交流信息,共同商量、分析孩子的行为习惯、学习成绩、智力因素和非智力因素等方面的情况,共同研究教育孩子的方法。

(3)教师在学生面前要注意自身的形象,要表里如一、为人师表;家长在孩子面前也要做出表率,家长是孩子的第一任教师,对孩子的影响是全方位的,家长的思想行为、价值取向、言谈举止都会对孩子产生潜移默化的影响。开发家长资源,就必须充分重视家长无形的、具有特殊教育功能的作用。教师要与家长建立一种平等的合作伙伴关系,形成教育的合力。

4.建立健全家长委员会,办好家长学校

家长委员会是学校的参谋咨询机构,其作用是参与学校的教育管理,配合、支持并且督促学校的教育工作,帮助沟通、协调学校与家长、家长与家长、学生与家长之间的关系。家长委员会一般分为学校、年级和班级三级,教师与家长进行合作教育的主要形式是建立"班级家长委员会"。教师要充分利用各级家长委员会,特别是班级家长委员会,使之成为整合家庭教育力量的重要途径。

(1)教师要做好家长委员会的组建工作

教师应在深入了解学生家庭情况的基础上，广泛征求家长意见，以自荐与推选相结合的方式，由热心学校班级教育工作、重视家庭教育、教子有方、有较强组织能力和一定文化素养、作风正派、有一定社交能力的家长组成班级家长委员会。班级家长委员会由若干名委员组成，可设会长、副会长各一名。

（2）教师要充分发挥班级家长委员会对班级建设和家庭教育的促进作用

教师要围绕班级学生的教育工作，和班级家长委员会共同协商，制订"家委会"的工作制度和活动计划，并且开展下列工作：征求家长对班级工作的意见和建议；安排学生、家长、教师一起参加多种形式的班集体活动；邀请家长观看学生的学习活动成果展览，组织家长参加听课、评课、评学活动；组织家长共同教育学生，特别是参与对后进生的转化工作；利用学生家长的资源优势，为班级学生的教育、社会实践教育等活动创造一些有利条件，争取家长能自愿为班级学生提供无偿的服务。教师应发挥家长委员会的优势，促进学生健康成长。

（3）办好班级家长学校

家长学校，是为学生家长举办的以提高家长教育素质和家庭教育质量、优化家庭教育环境、实现学校教育和家庭教育的和谐发展，以达到最佳教育效果为宗旨的业余学校。家长学校利用学校的师资和教学条件，为家长开设有关生理学、心理学、教育学、社会学等学科知识讲座；组织家长学习研究家庭教育的有关问题，探索科学的家庭教育方法；邀请教育有方的学生家长介绍成功或者失败的教育经验和教训，等等。家长学校使家长通过学习相关的科学知识，了解和掌握青少年身心发展的规律和思想特点，有利于家长提高教育孩子的科学性和针对性，掌握教育孩子的方法和艺术；家长学校通过学生家长对教育孩子经验的介绍，从中获得教育孩子的感受和借鉴；家长学校也为家长如何加强自身修养、更新教育观念、提高自身素质、塑造良好形象创造了条件，使家长认识到自身的人格、品行本身也是一种重要的教育因素。

总之,家长学校是提高家长教育水平的好形式,不仅传授了教育理论,而且沟通了家长与学校的联系。家长学校通过把学校教育与家庭教育结合在一起,使教师和家长互相配合,使家长作为一种重要的有效教育力量产生了重要的作用。

在家长学校尤其在班级家长学校中,教师是重要的策划者、组织者和协调者。教师要了解和掌握学生家庭教育的有关情况:家庭的基本情况;家长对家庭教育的态度;家庭教育的方式;家长对学生的期望值。教师应制订班级家长学校工作计划,如家庭教育的专题讲座、专题研讨、经验交流等;组织家长参加班集体的活动,促进家长、学生、教师之间的了解和感情交流;开展评比"优秀家长"活动等,组织有关专家开展家教咨询,指导家长的家庭教育。教师通过自己良好的协调能力,可以更好地发挥家长学校的重要作用。

第四节　与家长建立多种形式的联系

许多学生的家长都希望能够从学校、教师那里及时了解到自己孩子在学校里的各方面表现,能够与教师共同探讨教育的方法。这就需要教师与家长建立多种形式的联系,并在实践中不断创造出新的联系形式。

一、建立联系卡制度

通过联系卡可以使教师与学生家长之间建立起定期的信息联系通道。联系卡能够使对方及时了解学生在学校或者在家里的有关情况,有利于学校与家庭教育的互相合作。教师可以根据学生的不同情况和特点,设计不同的联系卡,联系卡一般在部分学生中使用。有些教师还采用"书面联系"的方式,与学生家长保持经常的联系,这也是沟通学校与学生家长、了解和掌握学生情况的重要途径。书面联系一般有:书面通信联系、学生手册联系、班级通信的寄阅、家庭联系簿以及电子邮件等形式。如,有的教师与家长建立短函联系。教师每天要寄给家长一封简短的信函。信上的内容可以是告诉家长有关其子女的一些良好表现,也可以是教师表达对家长协助教育的感谢之意。这样做的目的是有利于引发学生和家长的积极行为动机,学生希望得到教师的称赞和表扬,家长也希望自己的积极行为得到学校老师的尊重和肯定。

二、制作家长调查表

教师还可以通过调查表的形式,启发、引导家长达到共同教育孩子的目的。

1.您觉得孩子对学习感兴趣吗?

2.您每天和孩子的交流时间有多少?

3.您觉得孩子最大的优点是什么?

4.如果您给孩子请家教了,家教带来了什么样的效果?请家教有什么弊端?

5.您最想对老师说的一句话。

6.谈谈您教育孩子的经验与体会。

三、教师与家长的约谈

这是指教师根据教育的需要,主动邀请学生家长到学校进行交谈的一种形式。每次进行约谈前,教师需要做好充分的准备,包括约谈的主题是什么,采用哪些辅助的形式,教师为其孩子的教育有哪些打算,做了哪些工作,要求家长进行哪些配合和帮助等。

四、建立家长接待日制度

家长都十分关心孩子在学校的各方面表现,有些家长在教育自己孩子的问题上存在着一些困难和障碍,需要向教师求教。家长接待日制度,即在每周或者每月的规定时间里,由教师或者任课教师负责接待家长而建立起来的制度。在接待日里,教师或者任课教师耐心听取家长的意见和要求,认真回答家长提出的问题,诚恳提出自己的意见和建议。因此,在家长接待日里学生家长与教师能够及时地交换看法和相关信息,有利于统一思想,并对学生进行合作教育。

五、实行"开放日"或"教育周"制度

在"开放日"或者"教育周",学校班级的全部活动都向家长和社会开放,学校主动向家长反映学校教育教学工作情况,希望家长为学校和班

级教育管理献计献策;邀请家长在"开放日"和"教育周"观摩自己的孩子在学校一日的活动及其表现,让家长了解学生在校的学习生活状况,增加情感体验,并就学生的表现与教师交流看法和意见;学校也组织家长交流家庭教育经验,帮助家长提高教育孩子的艺术,成为更加合格、更加称职的家长。

第五节　成功的家长会

家长会是在确定的时间内将班级全体或者部分家长召集起来以开会或者以其他形式进行的教育活动。它是促进学生家长与学校和教师之间相互了解、相互沟通的主要渠道之一,也是家长参与班级管理、协助教师教育学生普遍采用的形式。

家长会的形式是多样的,按规模大小,家长会可分为校级家长会、年级家长会和班级家长会;按内容,家长会可分为主题教育家长会、学生学习情况家长会、指导性家长会;按学生类型,家长会可分为独生子女家长会、优秀学生家长会、中等学生家长会、成绩不理想学生家长会等。

根据班级学生的具体情况以及各阶段的教育任务,有计划、有系统地设计组织内容不同、形式各异的家长会是教师的一项重要工作。家长会可以帮助家长提高家庭教育水平;掌握孩子发展近况;了解学校教育任务;能够及时沟通家长、学生和教师的思想感情,排除教育中的消极现象;对建立社会、家庭和学校"三结合"教育网络,使学生健康发展,有积极作用。

一、家长会的八种形式

（一）报告式家长会

由教师用报告的形式向家长介绍班级的现状、教育任务,或者汇报一个学期以来的班级教育工作情况。这种家长会可在教师报告结束后组织大家讨论,加以领会、消化,避免"满堂灌"的单调乏味的现象。

（二）交流式家长会

组织家长进行家庭教育经验交流,从中让家长相互理解、取长补短,端正教育思想,改进教育方法,提高家庭教育质量。这种家长会教师应在事先有针对性地选择好发言家长,拟定好发言提纲,避免泛泛而谈、零打碎敲现象。

(三)展览式家长会

教师将学生的习题簿、美术和手工作品、优秀作文、竞赛答卷以及集体的小报、奖状、荣誉证书等,精心布置一个小型展览会,让家长观看、翻阅,了解班级及孩子的学习成果。这种家长会教师应在家长观看时给予介绍,会后让家长反馈评价意见。

(四)表演式家长会

让家长来班级观看学生编排的文艺节目,或课外活动,或主题中队活动等。这种家长会气氛热烈、活跃,教师应在事先做好充分准备,让家长在"听"中受到教育,在"看"中得到启发,为他们拓宽家庭教育途径打开眼界。

(五)会诊式家长会

根据不同情况,将不同类型家长召集在一起分析学生问题及形成原因,商讨教育失误及改进措施等。这种家长会要求教师选择好"病例",提供给家长分析思考,寻求最佳教育方案。

(六)恳谈式家长会

教师以诚挚的态度请家长来,征求家长对教师的意见及要求,并耐心而真诚地向家长提出家庭教育的目标及措施,从而增强家长与教师的教育一致性。这种家长会应注重教师与家长之间思想、情感的交流,融洽彼此关系,提高教育合力。

(七)辅导式家长会

就学生的心理、生理发展规律及科学教育的方法,系统地向家长做基础理论和实践方法的辅导,提高家长家庭教育水平。这种家长会要求辅导报告深入浅出,通俗易懂,案例丰富。

(八)咨询式家长会

教师事先通知家长准备好要向教师询问的问题,到校后采取问答的形式了解孩子的发展水平、行为特点等。这种家长会要求教师知识广博,多学习、勤思考,要有问能答,解答无误。

二、怎样向家长汇报学生考试成绩

家长对待自己孩子的考试成绩往往存在着下列的心态:考好了,高兴,不惜"重金"奖励;考坏了,着急,气急败坏,责怪,甚至大打出手。这两种做法都不利于孩子的学习。每一次考试之后,如何向家长汇报学生的考试成绩,教师如何帮助家长用科学的态度对待孩子的考试成绩,使孩子在每次考试后能汲取教训,发扬成绩,更快地进步?

(一)教师建议家长应用什么态度看孩子的成绩

1.用战略的眼光看待考试成绩

每次考试后,无论分数是高还是低,首先要看是进步了,还是退步了,看一看预期目标达到没有。如果预期目标达到了,说明孩子前一段时间的学习是成功的、有效的。

2.要用分析的态度看待学生的成绩

面对孩子的学习成绩,无论是进步还是退步,首先要看他们近期的学习态度是否认真、学习是否刻苦。如果孩子是认真的、刻苦的,而成绩还不理想,那么就应该同孩子一起分析原因,而不是一味指责。

3.用科学的态度看待孩子的成绩

考试的分数高低是一件十分复杂的事情,成绩的好坏与智力因素、非智力因素密切相关,而一个人在不同的年龄阶段会表现出不同的智力与非智力状态。

4.用自然法则观点看待孩子的学习

优胜劣汰,这是自然法则。就学习而言,在相同条件下并不是每一位学生都能获得成功,否则一个国家几乎要办与中学一样多的大学。一个人的能力的强弱表现是不一样的,表现的方面也是不一样的。因此,如果有的孩子在经过努力而不能获得某一科的成功时,那么作为教师应该帮助家长发现孩子其他的一些专长和优点。

（二）分析孩子进步的原因

【案例】以初三某班摸底考试为例,进行分析。全班人数56人,进步的学生29人,约占全班52％,经过分析,进步原因如下:

1.养成了好的学习习惯、有好的学习方法、学习认真刻苦的学生有10人,约占进步人数的34％。

2.前次考试考得较差,考完后认真总结教训,并发愤努力追上来的学生有8人,约占进步人数的28％。

3.在班上排名较后,他们为了改变自己的名次,努力学习的学生有9人,约占进步人数的31％。

4.这次考试带一定偶然性的有2名学生,约占进步学生总数的6.8％。

（三）分析退步的原因

此次考试有27人与上次考试相比较退步了,占全班人数的48％。经过分析,原因如下:

1.正常浮动。一般我们把学生考试结果上下浮动五个名次看成一种正常现象,这种情况的学生有9人,约占退步人数的33％。

2.因骄傲自满而导致成绩下降的学生有7人,约占退步人数的26％。

3.学习习惯一贯不好,学习不刻苦,特别是在听课、作业这两个环节上存在问题的学生3人,约占退步人数的11％。

4.学习方法有问题,学习时间安排不当,只注意做难题而忽视了基础的学生7人,约占退步人数的26％。

实践证明,通过以上三个方面向家长介绍全班学习情况,针对学生进步和退步原因向家长做一个全面的分析,家长对自己孩子的学习情况有一个较客观的认识,对孩子的进步很有帮助。

三、完美的家长会

完美的家长会,总是谋定而后动,这样的家长会后,教师在一旁偷着乐,因为可圈可点之处很多。失败的家长会,总是事后诸葛亮,教师后悔的地方太多,总在想如果一切都重来,又会怎么样。

(一)从开学第一天起着手准备家长会

一位用心的教师,会从开学的第一天起,就着手家长会的准备工作。这句话绝不是哗众取宠,也不是标新立异,如果你真的想把家长会开到家长心窝子里去,这项准备工作,还真得从这个时候开始。

第一天准备什么呢?搜集你的各项材料吧。开学的第一天,一般会有很多感人的事情。因为无论是对成绩好的学生,还是对成绩差的学生,每学期都是一个新的开始,他们或多或少地都会有一些新的期待。甚至那些成绩不理想或不听话、不守纪律的学生,尽管家长、老师可能不看好他们,但是他们对自己还是充满希望,他们总在新的一个学期里,希望换一些新的老师,好把他们的过去忘记。不知道大家注意到没有,好多成绩不理想或不听话、不守纪律的学生,开学第一天比一般人都去得早。一名不听话、不守纪律的学生早早来到学校告诉我,他就想去看看,老师中有没有换人。如果换了人,他们会很高兴。这并不是他们对"旧"老师没有感情,而是希望自己的过去不要过多地被人知道。如果碰巧换了新教师,他们总显得特别积极。

很多教师在开家长会时,觉得没有话说。有些老师,本来在开家长会之前,把各项程序设想得很好,可是一走上台之后,除了念考试成绩,就不知道再讲什么。也有些老师,发现自己讲话的内容家长并不关心,他在上面讲,家长在下面议论。

其实,问题的关键在于教师平时的积累工夫不够,没有注意在平时的工作中,把那些感人的场面记下来,没有把孩子们身上的点滴变化记下来。教师总是在上面讲那些大道理,有几位家长会感兴趣呢?家长到学校里来,就是想知道自己的孩子表现怎么样。教师如果能够在讲话中,不断穿插孩子的表现,用具体的每一个孩子身上的故事来讲话,相信每位家长都会用心去听。

只要我们用心,就能在平凡的教育工作中,发现很多不平凡之处,"积跬步而至千里",平日的点滴会让你收获无尽的惊喜。家长最想听的故事是发生在自己孩子身上的故事。

(二)把家长会的功能发挥到极致

1.汇报展示功能

教学实践中,越是出名的教师,班级管理效果越好,家长越支持。甚至很多家长,选择了学校之后,就为孩子选择教师。这实际上就是一种良性循环的结果。班级管理得好,教师充分地利用家长会把班级成果展示给家长看,不仅鼓舞了家长们的信心,还为自己的班级树立了良好的形象。因此,现在很多教师都很注意一点,他们在做好工作的同时,把学生平时学习、生活中的许多细小场景,用数码相机或带摄像头的手机拍下来。开家长会的时候,一个精彩课件,或 Flash,或 PPT,鼠标一点,各种资料活灵活现。家长看到这些精彩场面,心里高兴,对孩子的褒奖也就自然而然出来了。

有些老师善于"哄骗"家长,把家长"玩"得围绕自己转。但是,假如你是家长,你能够通过老师提供的一些数据、一些图片、一些其他资料,实实在在地感觉到孩子的进步,你会不会围着人家教师转呢?所以,一位善于做思想工作的教师,应该就是一位善于展示的教师。教师展示成绩,实际上就是坚定家长信心的一个重要武器。

2.交流沟通功能

让家长了解教师,仅仅是沟通功能的一个方面,更重要的是让教师了解家长,让家长了解学生,促进老师、家长和学生的三方交流、沟通,这才算达到目的。当孩子们进入青春期后,由于心理方面的原因,很多家长不理解孩子,很多孩子也不理解家长。有些家长,因为与孩子太亲密的缘故,对孩子的一些变化居然感到难为情。所以,教师就要利用家长会,促进家长和孩子、教师和家长的有效沟通和交流。教师可以设计"我想对你说……"、"做一个播种幸福的人"、"让别人因为我们的存在而幸福"等主题家长会,会上,很多家长和孩子甚至抱头痛哭……

当一个人被感动的时候,往往是最容易接受别人意见的时候——教师的很多教育思想和观念,都是在这种感动中默默地输送给了学生家长。

3.教育影响功能

在家长会上,教师应很注意和家长们讨论三个方面的问题:一是如何改进平时教育中的不当方法;二是如何耐心教育孩子;三是如何和孩子做朋友。教师借用商量的方式,把自己的教育思想、理念、做法传递给家长。很多时候,家长不是不知道教育理念,而是疏于应用,不想改变;当教师传递给他们一种勇于改变、善于改变的信念时,改变他们也就是很容易的事情了。

四、完美家长会的准备

家长会是学校教育的有机组成部分,是增进学校、家长、学生三者之间相互沟通和理解的有效途径。作为班主任,无疑是家长会中最重要的角色。而家长会的成功与否,很大程度上取决于班主任的会前准备工作。

准备最为充分的家长会,应从以下几个方面做准备:

1.学生方面的准备

家长会虽然主要是学校、教师和家长之间的交流,但学生在其中发挥的作用也不可忽视。因此会前教师应引导学生做好以下几件事:

(1)整理好自己的书本、作业簿、考试卷等,放在课桌上或抽屉里,以便让家长从中了解学生在校的相关学习情况——这是家长最为关心的问题。

(2)给每位家长准备一瓶矿泉水放在课桌上。这一小小的举措会收到意想不到的效果,很多学生家长百忙之中赶来学校,喝了矿泉水,止了渴,更从中获得不少的欣慰——为孩子的懂事和老师的关心——这既融洽了子女与父母的关系,也为这次家长会的召开创设了一种良好的氛围。

(3)每名学生写一份自己的总结展示给父母。

2.班干部方面的准备

班干部是班主任的得力助手,是班集体的领头人,此时也应让他们发挥积极的作用。

(1)负责布置教室,为家长会创设一个舒适宜人的环境,包括搞好教室卫生,整理桌椅,拟写欢迎标语、黑板报等。环境的准备很重要,它起到渲染气氛、烘托主题、传达信息等作用。

(2)负责迎接家长到会入座,为家长答疑解难,登记到会家长的姓名等。

(3)整理任课教师的相关材料,尤其把各任课教师的专长和优点整理好,由班长在会上向家长作介绍——这种做法可让家长增强对任课教师的了解和信任。

3.物品方面的准备

家长会的展示系统(如课件、音响、电脑、屏幕等)要保证正常使用。会议资料、讲义、成绩单以及其他文字材料,也都要事先准备好。

4.班主任方面的准备

(1)整理好班级各学生个人情况材料。对班上的好人好事以及学生的优点和专长,在会上作重点介绍;对学生的缺点和错误,则在会后跟家长个别交谈。

(2)把考试的各科成绩打印好,装入事先为每名学生准备好的信封内,届时交给家长——家长会往往是在期末召开的,考试成绩当然是家长最为关心的,采用这种做法可让家长及时了解自己孩子的考试成绩,也在一定程度上保护了学生的隐私。

(3)阅读整理学生个人总结。教师收集学生的个人总结后,认真阅读,从中筛选出一些内容上较具代表性的总结在家长会上宣读交流。

(4)通过电话、问卷调查等方式了解搜集家长在平时教育子女过程中所面临的困惑和问题,从中筛选出一些较具普遍性的问题。针对这些问题,教师应事先查阅相关资料,印制几篇解决此类问题的文章准备在会上分发给家长。这种做法使这次家长会更加有的放矢,在最短的时间里收到了最大化的"效益"。

(5)程序方面的准备。细节决定成败,程序准备绝对马虎不得。最好在开会之前,把会议程序打印出来或者印发到每位家长手中。这样什么时候开会,什么时候散会,到哪儿该讲什么内容,大家心里都清清楚楚的,既方便主持人,也方便与会的人。

五、聆听家长们的需要

【案例】家长会时,家长们提出了一些比较好的建议:

1.别老围着成绩转

一位姓李的家长说:"每次参加家长会,教师总是特别强调孩子的学习成绩。我的孩子学习成绩不太好,搞得我总是很紧张。开家长会的目的就是学校和家长形成合力,一起把孩子教育好。把焦点始终放在学习上并不合适,只会使老师和家长之间产生抵触,对教育孩子没有实际意义。如果老师在家长会上多表扬每个孩子的优点,再谈一下哪些地方需要改进,需要家长做什么,效果会好得多。"

2.留出一点互动时间

一位姓赵的家长说:"今天我刚出差回来,饭也来不及吃,下了飞机就去了学校,就想和教师、任课教师多谈谈儿子的学习和在校表现情况,也想和别的家长交流一下教育子女的心得。没想到家长会上,校领导和教师从头说到尾,根本没有相互交流的时间。我只在结束后与教师谈了不到两分钟,真有点失望。希望以后的家长会能留出一些家长和老师交流的时间,而不要开成了校方的'一言堂'。"

3.家校应该和谐共处

一位叫李可的家长说:"昨天下午开家长会。老师给家长布置了监督孩子做作业的任务,并且反复强调要加强对孩子的教育。我听得头都大了,真不知道自己小时候的家长会,妈妈都是怎么听的。我觉得家长会应该是轻松快乐的,在一种友好的气氛中,老师和家长一起商量如何教育好孩子,让孩子健康成长,而不是针锋相对似的。话又说回来,教师和家长如果总是处于这种紧张的关系中,肯定不利于教育好孩子。"

4.有针对性最好更强些

姜女士讲述了自己的一次切身体会:"孩子的学校在开家长会前,给我发了一份问卷,说可以把在教育孩子过程中遇到的困惑或棘手的问题写出来,我写了'怎样使孩子养成好习惯'的问题。没想到,参加家长会时,学校真的安排一位家长结合自己的经历专门谈了这个问题,我听后感觉很受启发。我觉得,家长会就应该是一个家长交流和学习的平台,以开放的形式和鲜明的主题,为家长教育孩子提供实实在在的帮助。"

5.做好规划,追求实效

贾先生这样表达了自己的愿望:"家长会,本是教师、任课教师和我们家长交流、探讨教育孩子方法的'舞台'。但现实中许多家长会变成了校方的'独角戏'。即使偶尔向老师反映情况,因为家长人数太多(我孩子所在的班就有 60 多人,意味着有 60 多位家长要参加家长会)、时间有限等原因也没有形成双向互动,更谈不上深入探讨。我建议,一是分批召开家长会,按照学生存在的共性问题,把学生家长分成几批,这样也能加强家长会的针对性。二是教师要提前做好准备,确定交流重点,能够不占用公共时间的,可以以书面形式告知我们。"

不要认为家长不懂教育,其实,很多家长对教育颇有研究,在某些方面,他们堪称专家!这些建议提得多好!教师如果真正把上面的建议落实了,家长会一定会非常成功。

六、家长会应注意事项

教师亲切、得体的话语很容易唤起家长作为教育者的责任心,拉近教师与家长的距离。要开好家长会,教师应注意的事项确实很多。

1.摆正与家长的关系

家长与教师应该相互尊重、协作,这种和谐的关系是开好家长会的基础。教师要利用家长会的机会,当好家长的朋友、参谋,加强与家长情感上的联系。教师在向家长提要求、谈看法时要做到凡事多商讨,忌命令,不要认为家长会就是"我提要求你照办",更不能出现"学生有错,家长挨训"的场面。

2.家长才是主角

让家长成为家长会的主角,是实现家长会目的的有效途径。以家长为主角的家长会,不但使家长了解了孩子在学校的情况,也使教师对学生有了进一步的了解。

3.注重积极引导

例如,毕业班的学生升学压力大,他们最担心的莫过于自己在年级的排名情况,升学的希望有多大。他们的家长也急于通过开家长会或与教师沟通了解到这些情况。毕业班的教师更应关注学生在这段时间的心理、学习状态及知识能力水平。所以,在开家长会时,教师应引导家长从保证学生的心理健康入手,让家长在关注孩子学习状态的同时,更关注他们的心理承受能力,这样才能使家长和教师合作开展好学生的教育工作,从而保证学生以正常的心态迎接考试。

4.力求目标明确

在升学和"提高"教学质量的压力下,家长会先前的功能已经丧失,正在"变味"。具体表现有这样几种形式:"告状会",教师和任课教师向家长反映学生在校的种种不良表现,要求家长严加管教;"成绩发榜会",像"富豪榜"的发布一样,教师或任课教师在会上宣读孩子的成绩,孩子成绩差的家长最怕这一招;"赛富会",在开家长会时,许多家长都是开着名车,穿金戴银地"闪亮登场",相互比较,使家长会成了赛富大会。家长会应力求朴素大方,有针对性,毕竟其最终目的是家校形成合力教育孩子。

5.别忘书面通知

现在家长都很忙,如果家长会通知发得过早,或者过迟,都可能会导致一部分家长无法参加会议。最好是提前三天发出书面通知,注明时间、地点和注意事项。书面通知的语言要通俗易懂、亲切自然,把家长视为教育合作伙伴。要让家长从字里行间读出这种感情,切忌居高临下、发号施令、主观臆断。例如,"新的学期开始了,很高兴与您相会在一班,我们的目标是一致的,即促进孩子德、智、体、美诸方面健康和谐地发展,这需要我们相互协调,紧密配合……"教师亲切、得体的话语很容易唤起家长作为教育者的责任心,拉近家长与教师的距离。

6.重在转变观念

不少家长在和教师沟通如何教育孩子的问题时,往往会这样说:"孩子对我们的话一点儿也听不进去,常顶嘴,老师一句话赛过我们十句话,孩子就全拜托给老师了……"甚至有的家长坦言:"我们把孩子交给学校就是为了让老师给教育好! 教不好就是老师的责任!"不是做教师的推脱责任,而是一细琢磨,这是把提高成绩、升学的"宝"全都押在了教师的身上,除了反映了家长对教师的"器重"外,不少问题也被无意识地表现了出来。有多少家长只盯住孩子的成绩这个表象问题? 有多少家长肯花费时间和精力去教育自己的孩子? 粗暴体罚孩子又是多少家长解决问题的方式? 家长会应该着重让家长懂得发现孩子的不良行为,帮助孩子找出背后的原因,从而对孩子进行有效的教育。

7.加强有效沟通

在当前很多家长会上,往往是教师讲、家长听,教师评价学生也只以学习成绩为唯一依据,缺乏对家长教育子女的有效指导。要想改变当前家长会的现状,还是得从教师做起,让教师树立新的家长会理念,通过与家长的沟通、交流,让家长和教师都能有机会了解孩子的全面情况,转变对孩子关注的角度,重新审视、分析孩子存在的问题,商讨改进或挽救的对策。另外,在家长会上,那些无谓的"埋怨"是毫无意义的,有效的做法就是具体指导家庭教育的方法和策略。

8.多肯定、多表扬家长

家长来参加家长会是怀有一颗期待的心的,他们都想知道自己孩子在学校的各方面的表现。因为家长会时间有限,教师不能一一介绍每一个孩子的情况,所以教师可以进行分类表扬(如学习、劳动、礼仪等),争取为每一个孩子找到一个优点,同时好学生会出现在各类表扬中,这样既照顾了整体,又突出了重点。每次家长会,教师都应真诚地感谢为班级做出贡献的家长,一是温暖这部分家长的心,让他们知道他们的辛苦老师都记在了心里;二是树立榜样,唤醒更多的家长加入这个队伍,同时也让家长看到教师的真心诚意。

9.做好会后总结

家长来参加家长会,最想了解的是孩子的学习情况和日常在校表现情况,仅靠教师介绍往往是不全面的,也是不现实的。因此,不妨把会议室做成一个大展示室,分成行为表现记录区、作业区、试卷区、特长展示区以及荣誉展示区等,让家长从中发现孩子的优点和不足,从而找到与教师、孩子交流的话题。同时,家长参加家长会,最想获得的是家庭教育的经验指导。对此,教师可以提前选定一些"成功家长",指导他们从不同侧面遴选家庭教育的优秀案例,总结成功的教子经验,以便于其在家长会上与家长们更好地交流。另外,家长会结束以后,应该把一些建设性的意见及时整理出来,并加以升华,使其成为很好的教育资料,反馈给家长。

第六节 让家委会成为教师的好帮手

家长委员会,顾名思义就是由家长代表成立的组织,作为家长与教师、学校沟通的桥梁,关注学生的教育和成长。家长委员会代表一般是四五个人,他们经常聚到一起开个小会,学校为其提供场地,教室、会议室都可以。中小学家长委员会是由本校学生家长代表组成,代表全体家长参与学校和班级的民主管理,支持和监督学校和班级做好教育工作的群众性自治组织,是教师和学校联系广大学生家长的桥梁和纽带。

一、家长委员会的宗旨

家长委员会的宗旨是,坚持家校沟通与合作,让家长充分参与学校和班级管理,有效体现家长对学校和班级教育教学工作的知情权、评议权、参与权和监督权;完善学校、家庭、社会三位一体的教育体系,营造良好的教育环境;深入推进素质教育,促进中小学生的全面发展。

二、家长委员会的意义

建设现代学校制度、完善中小学学校管理制度,推进家长委员会建设是重要一环。其意义如下:

1.建设家长委员会是完善中小学民主监督制度的需要。中小学校作为以育人为宗旨的公共服务机构,是独立的社会法人,其健康和谐运行,除了国家权力机关的依法监督、政府教育行政部门的行政管理之外,离不开外部力量的社会监督。《纲要》要求:"完善教育信息公开制度,保障公众对教育的知情权、参与权和监督权。"中小学生家长作为学校教育对象——学生的监护人,自然成为学校教育的利益相关方,有权利了解、监督学校的办学状况。

2.建设家长委员会是完善中小学社会参与制度的需要。在全球化、信息化、科技化时代,现代学校必然是一个自主开放的教育系统,社会教育资源的有序参与成为现代学校教育制度的一个重要组成部分。国内外的教育实践证明,中小学家长委员会可以在协调社会资源参与学校教育方面发挥重要作用。

3.建设家长委员会,对于建立学校、家庭与社会教育协同机制,提高家长的教育素养和家庭教育水平,具有重要意义。教师是学校教育的主体,家长也有参与权,除个人对学校教育有知情权、参与权、监督权外,还可以通过家长委员会这个平台组织起来,行使集体教育参与权,促进学校民主管理、支持教育教学,提升家庭教育水平,这为现代教育史所证实。家长委员会作为一个与学校教育机构相对独立、相互制约、相互促进的教育组织机构,有利于形成家庭、学校教育的合力,为学生的健康成长创造有利的条件。

三、家长委员会的设置

在我国的教育法律中,对于家长委员会没有提供充足的法律依据。如何具体落实这项工作,仍然需要教育行政主管部门做很多工作,同时离不开熟知家长委员会具体运作流程的各位专家的指导。

建立了规范的家长委员会制度,学校家长委员会作用就发挥得好,有利于维持和谐的家校关系,才能更好地落实《纲要》提出的目标要求。

　　家委会的机构设置程序为,家委会应制定组织章程,根据实际运作需要设立家长代表大会和常务委员会。家委会常务委员会设主任委员1名、副主任委员2名、秘书长1名、常务委员和委员若干名。常务委员和委员人数根据学校规模确定。

　　家委会的活动包括家委会定期会议。例如:每学期至少举行1次代表大会,听取学校工作报告,就学校工作提出意见和建议;听取委员会工作报告,研究确定委员会各项工作。参加会议的家长代表应达到会员代表总人数的80%。必要时可以召开临时会议,由家委会主任委员召集。主任委员因故不能召集时,其他家长会委员可以1/3以上联名召开,由家长委员共同推举一人临时组织并负责。

　　此外,应当包括各种专题活动。例如:在学校领导和班主任的协助下,以班级为单位,每学期组织不少于两次的家庭教育讲座活动,可与家长会合并举办,也可单独组织。

　　家委会的活动还包括家委会参加的其他活动。例如:家委会协助学校每年定期组织家长代表大会、家长会、家长接待日,开展家庭教育咨询,开办家庭教育论坛、教育沙龙等活动。

　　有关专家认为,建立中小学家长委员会过程中,专家的指导举足轻重。这些指导,既包括从理论上给予家长委员会以正确定位,也包括其具体运作、日常的活动内容及其培训等等,可谓任重道远。

四、成立家委会教师需要注意的问题

　　成立家长委员会,首先要熟悉情况,让什么样的家长担任家委会成员,是非常重要的。并不是什么人都能够担任家委会成员,如果你把那些喜欢吹毛求疵的人选进来,就会给接下来的工作添很多麻烦。所以,平时和家长联系的时候就要留心注意,哪些家长文化素质较高?哪些家长懂教育艺术?哪些家长更富有爱心,并愿意做志愿者工作?由几个热心的家长一起开一个小会,确定一下人员和分工。只要教师诚恳地与家长沟通,家长一般还是很乐意接受这个任务的。

　　其次,组织家委会成员要具体分工。教师要负责的事情很多,有时抽不出时间来和每一位家长交流,但是可以通过家委会,把教师的问候传达给每一位家长;有时教师抽不出时间来组织家长一起交流教子心得,但是家委会的家长可以做到;有时教师不方便和家长说班费、校服费用等问题,但家委会可以帮忙,他们可以自主召开家长会,讨论通过一些相关事宜。

成立班级家委会绝对有好处,哪怕学校已经成立了校家委会,教师也可以在学校领导的指导下,成立班级家委会。它会给教师的工作带来很多的方便。

第七节　家访的艺术和技巧

为了有效地对学生进行教育,教师要主动与学生家长建立经常性的联系,而家访是联系家长、了解学生在家表现的基本途径。家访可以与家长互通情报,增强对学生教育的针对性;可以了解学生家庭教育的经验和缺陷,帮助家长扬长避短,提高家庭教育的实效性;可以让家长明确学校对学生教育的要求,配合学校做好教育工作,形成教育学生的合力。成功的家访是教育学生、形成良好班集体的催化剂。

如何做好家访工作呢?

一、做一个让家长和学生都欢迎的客人

教育是一门充满激情的工作,也是一门富有创造力的工作。一位成功的教师,应不断丰富和完善自己的教育艺术和技巧。

家访:"变"出来的奇效

有些教师说,再也不想去家访了,无非就是那么丁点事情,总是那些老套路。同时,很多教师还觉得,家访并不能够带来很直观的教育效果,还占用了家长时间,大家都麻烦,不如不去的好。

这些想法表面看起来很有道理,其实它们的背后,却反映出陈旧的工作方式带来的心理疲惫感。真正务实的家访,怎么会没有作用呢?关键是教师的心灵疲惫了,才会感觉到厌烦啊!因此,要改变家访没有效果的局面,解决教师不愿意家访的难题,家访的内容和形式,都应该适当地"变一变"。变才能够出新,变才能够出效果。

1.变"告状式家访"为"鼓励式家访"

在一些家长传统的思维习惯中,总认为教师来家访不是一件好事情。为什么?因为很多教师习惯于用解决问题的思想来指导工作,孩子没有问题,教师不去家访;孩子出了事情,教师才会去家访。因此,教师还没有到人家家里,一打电话和家长联系家访了,家长马上提高了警惕——是不是孩子又犯错了?

其实不然,家访是交流教育思想、介绍教育经验、沟通家校感情、验证教育效果的最好途径,怎么会变成让家长提高警惕的事情呢?因此,要想提高家访质量,首先要改变的,就是以前那种告状式家访。教师要把告状式家访,变成鼓励式家访。对教育者来说,一名学生只不过是教育工作的几十分之一,或是几百分之一;教师工作一辈子,桃李三千。但是,对于某一个具体的孩子来说,教师影响的就是他的一辈子。对一个家庭来说,每一个孩子就是他们的百分之百。教师去家访,不能够因为这几十分之一,或者几百分之一,而让人家百分之百的希望变成痛苦。教师只有给他们足够的希望,他们才会有美丽的未来。

所以,教师要改变过去的要在学生犯错出事时才家访的工作模式,选择在学生进步、获奖的时候去家访,把告状变成报喜,家长高兴,学生高兴,教师自己也高兴。这样一来,学生、家长怎会不欢迎教师去家访呢?

2.变"请进来"为"走出去"

有些老师不喜欢家访,遇到问题,总喜欢把家长叫到学校里来。

【案例1】前不久,一个孩子因为患有多动症,老管不住自己,弄脏了人家的衣服。第一次是妈妈来学校,第二次妈妈不来了,改爸爸来。爸爸到学校,第一句话就是:"难怪你妈不来学校啊,来了就是受气!你哪一天也给我争争面子?"然后一个动作——打,当着老师、同学的面,抓住孩子一顿暴打。他没有什么教育方法,唯有用打,才能够在老师面前证明他们的家教严格。

这样的"请进来",对学生又有什么用呢?

其实,某一名学生表现的好坏,都是有背后的家庭原因的。教师平时待在学校里不出去,总是在办公室里空想着怎样改变学生,那么,教师的方法怎么会有作用呢？家访之所以有效，关键就是教师了解了学生问题背后存在的原因。

【案例2】曾经有一名学生，老是逃课，每次逃课，他都会对教师说，他家里有事情。如此反复多次。要他叫家长来，他说家长外出做生意没在家。后来，教师抽时间到学生家里去，发现家长根本没在外边做生意，就是一个上班族，天天在家呢！教师和家长取得联系之后，针对学生的情况，共同研究了一些方法，不出一个星期，就把学生逃学的事情解决了。

有些教师很喜欢家访，一个重要的原因就是可以用教师的亲眼所见来了解学生的家长。

二、不同的家长，不同的谋略

一个班级的家长那么多，性格迥异，教师都要和他们打好交道，遇什么人说什么话，真的很不容易。"一把钥匙开一把锁"，教师要根据不同的家长类型，采取不同的家访方式。

1.民主型家长

这是最理想的家长，每位教师都希望碰到这样的家长。但是很遗憾，这类家长的数量不是很多。在一个班级，能够偶尔碰上那么几位，已经很幸运了。

这类家长在教育子女上有自己的一套方法，他们对子女的教育宽严适度。他们比较讲究运用科学的教育方法，对待孩子比较开明、平等。对此类家长，教师在家访的时候，可以抱着学习、交流和探索的态度与家长沟通。对学生的一些在校表现，教师可以如实地向家长反映，主动请他们提出教育的策略，认真倾听他们的意见，充分肯定和采纳他们的合理建议，并适时提出自己的看法。只要教师的态度是诚恳的，和这一类家长打成一片是非常容易的。

值得注意的是，这一类家长一般都比较有主见，而且知识面比较广，教师与他们沟通时，不要老摆出教师的派头，总想教育人家。教师只要和他们交朋友，平等交往，就较容易受到他们的欢迎。

2.溺爱型家长

这类家长很多，中国家长的一大特点，就是爱孩子到了溺爱的程度。

很多对不听话的孩子恨得牙齿痒痒的家长,内心里也非常溺爱孩子。很多孩子不听话,其实就是家长过分溺爱的结果。当初一味地溺爱,发展到后来管不住孩子了,就开始抱怨他们,甚至对他们"拳打脚踢"——这几乎是溺爱型家长教育孩子的一般性规律。

和这类家长交往,教师不能够太直接。不要认为自己什么都知道,就直话直说。那样,会让你非常被动。因为对溺爱型家长来说,在他们眼里,他们的孩子是最可爱的,即使出了错误,他们也认为正常,不是什么大不了的事情,甚至还包庇孩子。如果他们的孩子和其他学生发生了矛盾,他们往往偏听偏信自己孩子的一面之词,总认为自己的孩子是正确的,错的都是别人的孩子。一旦他们的孩子受伤,他们就着急得不得了,仿佛那才是天大的事情,一定要找教师讨个说法。

对溺爱型家长,家访时,教师要充分认识到谈话的难度。如果不是为了解决矛盾,仅仅是为解决学生的问题,谈话时,教师不妨先肯定学生的长处,对学生的良好表现予以真挚的赞赏和表扬,再适时指出学生的不足。只有充分尊重学生家长的感情,肯定家长对孩子的爱,他们在心理上接纳教师之后,教师的谈话才会有效果。在家长高兴的时候,适当地、恳切地指出溺爱对孩子成长的危害,再指导他们一些正确的教育方式和方法,往往是和这类家长沟通成功的关键。

如果是想解决矛盾,教师要站在他们的角度上,先肯定他们的一些合理要求,然后再坦诚地和他们讲清楚事情的经过。适当的时候,要帮助他们分析一下溺爱的危害,让他们警醒,这样的沟通才可能成功。

3.粗暴严厉型家长

几千年的封建家长残余思想,让家长一直认为自己对孩子管教严厉,很有道理。粗暴严厉型家长在教育孩子上,信奉"严"字当头,凡事都由家长说了算。孩子稍有差错,家长轻则训斥、重则拳脚相加。因为家长在教育方法上严过了头,孩子同家长的关系通常很紧张。

这种家庭的孩子在学校的表现呈现两个极端。一个极端是非常遵守纪律,胆子很小,学习上不敢发表自己的意见,灵活性较差,缺乏创新精神。另外一个极端就是孩子在学校什么也不怕,对人充满仇恨。

对这类家长进行家访时,教师要特别注意方式及方法。切忌教师去家访,带给孩子灾难。如果教师一走,孩子在家挨打受难,后面的教育会更难。和这类家长交流时,教师要多肯定孩子的成绩,明确地告诉家长,教师来家访,不是因为孩子不好,而是工作上例行的程序,希望家长和孩子都不要紧张。如果家长对孩子有什么不满,教师应该在充分肯定家长愿望的基础上,指出过于严厉会带来的负面影响,并及时向家长介绍一些科学的教育方法。教师委婉地表达出自己的愿望,一般会得到家长的认同。有时候,适当讲述一些由于家长操之过急、方法不当而适得其反的家庭教育案例,也能够让家长警醒。

4.放任不管型家长

这类家长比较让教师头疼。这类家长,通常是孩子难对付,家长更难对付。他们一般对孩子要求不高,而且很有可能自己当年读书时,父母要求也不严格,但是现在他们凭借好机会赢得了不错的社会地位。因此,他们对孩子的要求非常低,甚至还主动劝教师不要太着急,认为孩子以后会有出息的。

对放任不管型家长,教师谈话的关键是启发和教育其提高认识。如果家长的思想转不过弯来,后面的谈话就等于是对牛弹琴。在家访之前,教师要针对这类家长的问题,多查找有关资料,必要的话,还要做一点记录。在具体交谈时,教师的证据越生动,越有说服力,家长信服教师的可能性就越大。

适当的时候,给家长介绍一些反面例子,让他们从别人的悲剧中认识到自己教育方式的危险性,这往往能够比较快地转变他们的思想。

5.经济杠杆型家长

随着经济条件越来越好,这类家长越来越多。这类家长对子女的教育就是以金钱为标准,达到什么样的成绩就奖励多少金钱。而对于子女在精神上的一些需求却漠不关心。

和这样的家长谈话时,教师不能够太客气。自古以来,因为钱而害了孩子的案例,可以说是不胜枚举。教师如果不理直气壮地指出金钱教育的危害,就不会引起家长的重视。什么叫当仁不让?就是教师觉得自己的意见和观点对孩子很有利时,就要毫不顾忌地讲出来。教师可以明确地告诉经济杠杆型家长,适当对子女进行物质奖励是正确的,但如果是一味地以物质奖励为主,孩子在学习上的动力就不会持久,无论孩子满足或不满足,都不会是真正激发他们持续学习的动力。教师要明确地告诉家长,真正持久的学习动力来自学生自身的精神,而不是单纯的外界物质刺激。教师可以给这类家长介绍一些典型的、因钱而坏事的案例,让他们有所触动。

不过,在这个问题上,还有一个特例要引起注意——现在一些比较开明的家长,注重对孩子进行理财教育,要求孩子从小就学会处理一些经济上的问题。对这一类家长,教师应该尊重他们的教育观念,不能够一味地指责和批评。

总之,还是那句俗语,"一把钥匙开一把锁",和家长沟通没有绝对的标准,适合的就是最好的。

三、选准时机去家访

当学生有了进步或在某一方面取得了一定的成绩时,教师都要发自内心地进行赞扬,由衷地表示祝贺,并通过家访的形式告诉家长,这样的家访,一定会受到欢迎。

其实很少有家长不希望教师来家访,如果有,原因也是多方面的。有的确实是因为太忙,挤不出时间来和教师谈;有的是因为本来就和教师关系生硬,谈不到一块儿;有的是因为和孩子一起经常挨教师的责备,害怕教师来家访……

若想上述局面得到改善,不妨试试下面的这些方法,也许,它们会让教师的家访受到欢迎。

1.拓宽家访形式

随着人们生活节奏的加快,学生来源的复杂,教师挨家挨地上门家访已变得越来越难以实现。如果总是局限于陈旧的家访方式,难度肯定是相当大的。因此,教师要把家访的思路变一下,要根据学生的具体情况而选择适当的形式进行家访,如网络聊天、电话家访、书信家访(包括发电子邮件)等,让家长感到与教师的沟通亲切、自然。

特别是现在的通信业这么发达，给家长打个电话，用不了多少时间，经济实用，而且不受条件限制，联系也很及时；电子邮件也很好，更经济，一分钱不花，就可以把教师的信息送到家长手中；如果教师经常上网，与家长进行网络聊天也是一种不错的选择。教师不妨把自己的QQ号码告诉家长，有很多家长也喜欢网络聊天，与他们在网络上交往，既联络了感情，又做了工作，教育教学效果必将事半功倍。

2.选择最佳时机去家访

如果教师有时间，自己也想出去走一走，那么可以选择恰当的时机，亲自上门家访，这样也利于融洽教师与学生、家长的关系。做到这一点，关键是要选择好家访的时间，如在学生生病、受伤或家中遇到困难时，教师的出现，一个关爱的眼神、一声亲切的问候，一定能起到出人意料的效果，教育的目的也会在潜移默化中实现了。

3.在学生取得进步的时候主动去家访

每名学生都希望得到教师的表扬和鼓励，每位家长也都希望教师能够赞美自己的孩子。因此，当学生有了进步或在某一方面取得了一定的成绩时，教师都要发自内心地进行赞扬，由衷地表示祝贺，并通过家访的形式告诉家长。这样的家访，一定会受到欢迎。

也许教师不能相信，有些学生，从上学至今，他们的父母就从没有听到过教师对孩子的一句赞扬。

四、家访也要提前"备好课"

越是准备充分的事情，胜算就越大。家访也要提前"备课"。教师只有准备充分，家访才能取得比较满意的效果。

1.有明确的目的和恰当的期望值

每次家访前，教师要认真细致地考虑：此次家访要达到什么目的？如何达到这个目的？对本次家访成功与否的期望值多大？这个期望值符不符合学生的实际？等等。

2.提前预约

家访前，必须与学生家长提前约定好家访的时间。切不可盲目家访，这样学生家长很可能不在家或者有其他事情。这样不仅白白浪费时间和精力,也会大大影响教师的情绪。

3.把学生在校情况适当归纳总结

家访前,教师要对家访学生的在校表现、各科学习、兴趣爱好、习惯、优缺点等了解全面,以便家访时能信手拈来,提高家访的实效。要有根据地整理一些学生的优点,并要具体准确。家访时介绍给家长,让家长听了高兴,学生听了感激,为以后的教育铺平道路。

对学习成绩不是很理想的学生,可以称赞其劳动态度好,大扫除很卖力,或者体育好。一般来说,不想读书的学生,这两条还是符合的。如果教师实在找不出要家访学生的任何一个优点,暂时就不要到他家去。等到他略有进步时,再上门去称赞他的进步,给他注入一线希望,展望一片蓝图。

4.时间的选择与控制

家访时间最好选在学生放学后或双休日,这样学生也可以在场,家访的效果会更好。家访时间不宜过长,以免耽误家长的工作,一般以 15 分钟到 30 分钟为宜。

至于具体什么时候去家访,不能够一概而论,不过下面这些机会应该抓住:

(1)接新班的教师要从接到学生档案起,认真了解学生的家庭情况、家长的文化修养、家庭环境、亲友情况,做到心中有数。

(2)一旦发现学生未到校,要尽快主动与家长取得联系,了解学生的具体情况。

(3)发现学生出现异常表现或有不良苗头,教师要及时家访,有时不只是教师,有关领导也要共同前往,把不良苗头消灭在萌芽状态。

(4)学生有了明显的进步时,抓紧时间去家访,可以巩固进步效果。

5.家访内容

家访中应该了解的情况,有两点很重要:一是通过与家长的闲谈,了解家长的素质和做家长的责任心。二是了解学生在家的学习条件,学生是否拥有独自居住的房间、独立使用的书桌等等,建议有条件的家长给学生创造一个较好的学习环境。检查一下灯光是否合适,体现教师对学生的关怀。观察家庭的摆设，了解家庭的经济状况。对班干部家访时，尽量说服家长支持孩子的工作，说明这对孩子能力的培养是大有益处的。

6.准备好家访记录本

家访时，把所了解到的情况简明扼要地做一些记录，有助于教师以后整体了解学生。

家访之后，要建立学生卡片。这项工作很重要，对以后的教育颇有益处，一定要做。卡片上应注明：姓名，出生年月，性别，是否是独生子女，住房情况，有无符合要求的学习环境，父母的责任心和素质，家庭的经济状况，在校表现（含不良表现原因的估计），采取的教育的方法，试用的效果等。

五、家访原则

有些教师对家访犯愁，除了事情确实太多，还与教师缺少一定的社交技巧有关。本来满腔热情地去家访，有的家长却不十分欢迎，是很尴尬的。时间一长，谁还有心思去家访呢？要解决这个难题，首先要解决教师社交上的一些技巧问题。教师不能够仅仅凭着一时热情做事，很多时候，还得动动脑筋，想想家访时如何使自己成为一位让家长欢迎的客人。

1.有礼

孔子认为，礼就是规矩，就是制度，一个社会没有了礼节，那么就会乱得一塌糊涂。教师去学生家家访，也要有一定的规矩，这个规矩就是尊重家长、谦和待人。

与家长见面时教师应主动问好、打招呼，并放下架子，主动向家长微笑着介绍自己，是教师家访时应该具备的基本礼节。教师对家长和学生一团和气，这种气氛就会感染家长，家长自然就会"客客气气"地打开话匣子了。

这样，教师与家长、学生的推心置腹的交流就迈出了关键的一步。

2.有据

到学生家去家访的时候，无论是随便聊天，还是向家长介绍学校情况、交流学生在校表现,教师都要言之凿凿,证据充分。教师若没有确切把握的事情,家访时就绝对不要随便乱说。教师千万不要信口开河,那样会让家长对教师的印象大打折扣。

教师的威信,在家长及学生心目中也会大打折扣。如果教师批评学生的事实不确凿,理由不充分,家长、学生不仅不会认错,反而会据理反驳,使教师处境尴尬。所以,教师家访时,说话、做事情都要有理有据。

3.有数

"凡事预则立,不预则废。"与家长、学生谈话,当然也不例外,找学生家长谈话,教师事先要明确谈什么,怎么谈,要达到什么目的,并在记录本上记录一下,绝不打无准备之仗。同时,对谈话中可能出现的问题,也要有个大概的估计。要力求谈一次,成功一次。准备充分的教师,即使是去找家长理论,也能够把家长说得心悦诚服。因此,有数,是教师家访的一个重要前提。

4.有信

有信是家长信任和依赖教师的基础,一般来说,家长对教师的信任是发自内心的,正是基于此,教师家访的时候,就一定要做到言而有信。

一是提前预约,做到去之前有"信号"。有些家长对老师突然上门并不感兴趣,总以为是孩子犯了错误,教师告状来了。教师突然上门,会造成家长的不安和紧张。但是如果教师提前预约,那效果就不一样了。教师去得坦然,家长接待得也热情。二是一定要守信,不违约。尽管现在电话联系方便了,但是,家长还是很重视家访的。在很多家长看来,这是教师对他们的信任,也是对他们孩子的重视。按约定的时间去,是对家长的一种尊重。同时,守信也是做人的一个原则,没有特殊到不可抵抗的情况,教师还是一定要按照约定准时到学生家去家访。

5.有趣

教师去家访,不是要做政治调查,而是为了交流思想,介绍情况。因此,做一个有趣的教师,往往比做一个严肃的教师更受家长喜欢。即使教师再德高望重,有趣的教师也比严肃的教师受人欢迎。

教师家访时,一是语言灵活、风趣、不死板;二是表情亲切随和,不让人望而生畏;三是要有生活情趣,和家长谈得来;四是平易近人,不拒人于千里之外。

6.有度

度是一切行为的标准,适度才能够展示和谐之美,不适度则容易闹纠纷,起"战火"。因此,教师去学生家家访,言行一定要合度。度,是教师家访成功的关键。

首先,说话要有度。教师切忌让自己的情绪影响家长或学生,更不能因为一时不高兴,说一些有损学生家长自尊心的话,甚至恫吓或辱骂家长。

其次,行为要有度。教师举止要符合自己的身份,不能太随便。发表见解的时候,一定要注意场合,不能在学生面前散布偏激的言论或者发一些不着边际的牢骚,谈话也要因材施教。

再次,对学生和家长提出的要求也要适度。教师提出的要求要让他们通过努力,就能够达到。如果总是提一些他们不能够达到的要求,教师还没有去家访,家长和孩子就已经退避三舍了,这是做教师的巨大失败。

六、巧妙地"说"服学生家长

有很多话,不一定非得锋芒毕露。迂回曲折,也是前进的一种好方法。

只要教师掌握技巧,就能够用"说",去征服家长。

1.旁敲侧击的暗示

【案例】王红向班主任潘老师反映,她家的学习环境不好。潘老师问她怎么不好,她忧心忡忡地说:"爸爸妈妈最近迷恋上了打麻将,每天都打到很晚,让我没有心思学习。"怎么解决这个问题呢?潘老师想了好久,最后决定用旁敲侧击的办法去解决。

于是,在潘老师和王红悄悄"密谋"之后,就去了她家家访。

还没进门,麻将声、说笑声已经不绝于耳。进得门去,互相打了招呼后,潘老师细心打量起屋子来。屋子不大,孩子做作业的桌子几乎紧挨着麻将桌,难怪孩子学习掉队呢!孩子的父亲见潘老师环视屋子,很尴尬。此时,如果潘老师直接表示对孩子学习环境的不满,效果一定不好。于是,潘老师装模作样地批评起趴在桌上做作业的孩子来:"难怪你最近作业老是出错啊,你怎么能把写作业的桌子挨着麻将桌放呢?父母有自己的休息方式,你也应该有自己的学习天地啊!"家长看潘老师这么一说,赶紧表态,是他们没有注意,以后一定改。其他麻友们一听,他们的"活动"影响了孩子,也都知趣地说家里还有事情,就散场了。后来据孩子说,此后他们家一直就没有再摆过麻将桌。父母实在想玩了,也是到没有学生的朋友家里去。

这次家访,如果潘老师进门之后,就直接对家长说教,家长一定感到很尴尬,效果也不一定好。批评孩子的话其实是说给父母听的,说孩子的话却砸在了家长心上,这叫说得轻、落得重,家长自然能够感悟。

2.以退为进的迂回

如果学生在学校出了意外,教师去家访时家长往往满腔怒气,甚至恶语相向。此时,如果与其据理力争,往往火上浇油,更于事无补。有效的办法是避其锐气,以退为进。

【案例】放学了,李宾一下课就直冲出教室,不小心与迎面而来的同学撞了个满怀,头撞破了,到医院缝了四五针。晚饭后,班主任去李宾家看望他。不想,李宾的父亲一见面就发起牢骚来,言下之意是说老师不负责任。此时,班主任完全可以理直气壮地进行申辩,但如果这样做,结果只能是两败俱伤。

班主任不动声色地来到床前看了看李宾,问了问伤情,叫他安心休息。当家长的火气渐消时,班主任真诚地说:"其实,也真别怪你发火,如果是我,可能比你的火气还要大。孩子中午去学校时还好好的,傍晚竟包着头回来了,哪个家长不心疼呢?做老师的是干什么的,下课为什么不时时关照孩子小心点呢?"他父亲不语,班主任接着说:"其实,做老师的哪有不关心孩子的,对孩子的安全是时时提醒的,今天的事情纯属意外。还好,事情发生后,在现场的两位老师立即把孩子送到了医院。不管怎么说,这件事对我们来说都是个教训。"至此,班主任才把事故的来龙去脉对家长讲清楚,家长的怨气全消了,并反过来要班主任原谅他的无礼。有很多话,不一定非得锋芒毕露。迂回曲折,也是前进的一种好方法。

家长的态度之所以有这样的转变,其重要原因就在于教师要审时度势,面对家长的怒气不动声色,来个"逆来顺受",进而主动承担责任,最后才指出"这属于意外",从而以退为进,既消除了家长的火气,又使家长知道错怪了教师。

3.主次颠倒的捎带

有时,教师对家访的话题可以来个主次颠倒,对主要话题先避而不谈,而对次要话题加以渲染,待告别时再捎带说出主要目的,其效果往往很好。

【案例】开学初收学费,一位家长总不让孩子带钱来交,其实该生家庭经济条件并不差。因此,教师决定登门家访。路上教师想了很久:如果直接提要钱的事,会让家长难堪,那钱一定不容易催上来。所以,教师想了一个办法。进门之后,教师首先告诉家长自己到前村有事儿,顺道来看看孩子。然后就跟家长谈起了该生在校各方面的表现,充分肯定了该生的进步,并了解了该生在家的情况。谈了好一会儿,教师才起身告辞。临出门,教师像突然想起来什么事情似的,漫不经心地说:"哦,还有一件事,就是孩子的学杂费,如果你手头一时不宽裕,我先给垫上。"家长连连点头:"老师,都怪我,明天就给你带去。"

4.顺水推舟的运用

【案例】黄明的家长让孩子休学回家帮忙开店,因为他们家人手比较紧,开店需要个帮手。但是,无论如何也不该让孩子辍学啊!班主任刘老师决定前去家访。

刘老师走进他们家屋子时,黄明的父亲正在大发脾气。原来孩子在卖东西时,把钱算错了。了解情况后,刘老师对孩子的父亲说:"真不怪你发火,小本生意,哪吃得消在算账上出错呀!"他父母马上说:"是啊,就是。"然后刘老师问孩子:"怎么会这样呢?"孩子一脸苦相:"这里很多东西,平时我还没有学过,怎么知道呢?"刘老师趁机对他父亲说:"这倒也是,孩子毕竟只学了这么点东西,如果再多学一些,也就不至于吃这些亏了。"这时候,家长也认识到了自己的错误:"看来,我们还真应该让他多读一点书。"于是,刘老师顺水推舟地对孩子说:"你看,你父母都这么说了,你自己可不能不抓住机会啊,明天,请早一点来学校!"家长眼睛睁得大大的,想反对也不好说了。

这次家访,如果班主任直接说明来意,未必能做通家长的思想工作。但巧借家庭风波,借助家长怨气,顺水推舟,三言两语就使家长明白了教师的良苦用心,收到了事半功倍的效果。

第八节　有效使用校信通

家长如何知道孩子在学校的表现?教师如何了解学生在家的情况?家长与教师如何互动,以形成教育合力?这一系列问题,困扰了教师和家长好多年。现在,随着校信通的普及,这些问题已经迎刃而解了。通过校信通这个平台,教师与家长建立起了沟通的便捷桥梁。

为了进一步推进教育信息化应用程度,移动公司推出了校信通业务。有了这个平台,教师和家长可以通过短信进行沟通,也可以通过网站进行交流。在校信通网站上,"家校联系"、"我爱读书"、"父母茶座"、"博客"等板块,深受教师和家长的欢迎。这个专业网站服务范围涵盖了幼儿园、小学、初中、高中到大学每个阶段的学生。

一、使用简便

"使用起来非常简便。"很多教师和家长这样评价校信通。通过它,教师可用短信的方式将学生在校的情况及时传送给家长,家长也可以通过短信形式和教师取得联系。教师除了用手机直接发送短信外,也可以从网上选择群发或单发。这些人性化的设计,大大方便了教师和家长的沟通。

【案例1】戴勇刚上小学一年级,面对还记不清作业的儿子,家长有点发愁,在其他家长的建议下,戴爸爸开通了校信通业务。当天下午,戴爸爸便收到了教师发来的信息,其中有儿子当天的作业,还有本学期的课程表。这样,每天晚上,等儿子做完作业后,戴先生便会耐心地坐在台灯下,按照课程表的安排,帮儿子预习第二天的功课。

【案例2】提起校信通,实验小学孙帆的家长更是赞不绝口。他说孙帆原来学习成绩不太理想,通过开家长会他了解到,教师布置五项作业,她有时不能全部完成。自从开通校信通业务以来,他每天都会收到教师发来的有关当天作业的短信,女儿再也不能"蒙混过关"了。一个学期后,女儿孙帆养成了良好的学习习惯,成绩也提高了很多。

【案例3】小学四年级的飞飞是一个聪明的孩子,就是有点任性,容易和同学发生冲突。针对飞飞的情况,教师经常通过校信通给家长发送一些个性化建议,让家长配合教师对飞飞进行教育。过了一段时间,飞飞有了很大进步,变成了一个学习刻苦、善于包容、乐于助人的好孩子。

使用校信通的沟通模式,可以更好地实现教育资源的分配,把教师有限的时间和精力覆盖到每名学生,同时帮助家长了解孩子成长中的思想变化,校信通的社会价值远高于其市场价值。

二、教师使用校信通时应注意的问题

1.明确目的

教师使用校信通,是方便家校联系的,而不仅仅是为了解放教师。如果仅仅是解放了教师,却增加了家长的负担,那么,教师的教育目的就很难达到。不能够因为有校信通,就把家访、家长会、单独交流等这些优良传统丢掉,该用的还得继续用。很多事情,当面和家长说,与发一个信息的效果是截然不同的。信息只能够让家长看见冰冷的内容,看不到教师的微笑。而很多时候,同样一句话,老师表达的语气不同、表情不同,带给家长的感觉就绝对不一样。

2.注意措辞

语言是交流的工具,但是交流不当,也会成为一种伤人的工具。"我们因沟通而走近,又因沟通而伤害",这句话说的就是不良的语言交流带来的问题。有些教师不太注意校信通信息的拟稿,想起什么了,随便在电脑上打几个字,然后鼠标一点,就发了出去。至于那些话适不适合由教师说,教师说的后果会怎样,有些教师没有用心去想。甚至有个别教师还发搞笑、不严肃、内容不健康的信息,也许他们觉得这是对生活的调侃,但是一些思想保守的家长就会很反感,觉得轻浮……

3.严把审稿关

教师要慎重对待校信通的拟稿工作,最好和班主任教师一起,一人拟稿,一人审核,严把审稿关。两个人都觉得没有问题了,再把信息发送出去。事实上,做久了,就会发现,哪怕是两个人审稿,仍然会存在一些问题,所以,教师更加要慎重拟稿。

4.及时掌握信息反馈

使用校信通的目的是为了交流,那么发完信息之后,教师就要及时掌握信息反馈。比如,家长反映信息语言太生硬,内容太简单,教师是否考虑一下,变以往的命令式语气为关心、体贴的语气。举一个很简单的例子,夏天来了,教师发校信通给家长:"严禁下河下塘游泳",家长反映语言太生硬,教师如果换一种语气:"尊敬的家长,夏天到了,根据我们以往的经验,这个季节最容易发生儿童溺水事件。为了我们孩子的未来,请注意叮嘱孩子不要擅自到河里游泳。"显然,这样的信息,比一个简单的"严禁"更受家长欢迎。

第四章　教师给家长提供合理性建议的艺术

第一节　成功家庭教育的原则

人的教育是一项系统的工程,这里包含着家庭教育、社会教育、学校教育。三者相互关联且有机地结合在一起,相互影响、相互制约,这项教育工程离开哪一项都不可能,但在这项系统工程之中,家庭教育是一切教育的基础。家庭教育问题一直以来就受到人们的关注,在我国近几年更为人们所重视,家庭教育已经作为一门学科进行研究。这也是时代的召唤,人才发展的需要,是国民整体素质提高的需求。

成功家庭教育应遵循下面几个原则:

一、五育并举,德育首位

培养孩子健全的人格,德、智、体、美、劳五育缺一不可,但对于家庭教育来说,德育无疑是最重要的、最基础的、最不可替代的,而且一旦失误将是永远无法弥补的。因为,一个人最基本的人格倾向恰恰是童年时代在父母身边耳濡目染逐步形成的,所以,五育并举,德育首位。有些教育家甚至认为,5岁以前的教育将完成人格塑造90%以上的工程,并影响人的一生。

"德为才之帅,才为德之资。""看人第一要看德器。德器深厚,所就必大;德器浅薄,虽成亦小。""志不强者智不达,言不信者行不果。"家庭是充满爱的港湾,每个人从这里开始自己的人生,从这里得到最初的关爱,也应当从这里学会感激、学会关心、学会体谅、学会爱他人。

在家庭中,孩子看到父母对他们所表现的关怀和爱,于是他们也力求对双亲报以同样的关注、善良的态度和热爱。孩子感到自己是家庭的一员,他们就会把爱母亲、爱家长的情感转到兄弟姐妹身上,进而发展到爱亲友。应当教育孩子把这种对自己亲近的人的爱转向周围的人,然后扩到全人类。孩子应意识到自己是伟大人类的一个成员。

我国古代把"仁"作为最基本的道德要求,这个"仁"讲的就是用爱心来协调人与人之间的关系。一个从小就不懂得爱父母、敬长辈、守规矩、勤劳动、讲礼貌、立志气的孩子,长大了也很难成为爱祖国、爱人民、爱劳动、爱科学、爱公物,有理想、有道德、有文化、有纪律的好公民。

【教师指导家长应对策略】家长在以极大的耐心为孩子搞营养配餐、以极大的热情为孩子选择第二课堂和家庭教师、以极大的毅力带领孩子锻炼身体的同时,决不可忽视对孩子的非智力因素的培养和良好思想品德的熏陶。

二、信任尊重,平等相待

在我国几千年的封建文化传统中,没有家长尊重孩子这一说。无论是大观园中贾老太太的"心肝宝贝儿",还是贾政的"见面就骂畜生",都不存在长幼之间的人格平等问题。溺爱是老祖宗的"恩赐",责骂是父亲的"威严"。然而,孩子敏感的心灵却无时不在渴望着父母的尊重、理解,渴望着与父母平等对话。当父母不肯给他们这种机会时,他们会以"抬杠"的方式表达自己的意志和愿望。细心的父母不难发现,孩子有时候无意中顶撞大人,说出的话却有某种真理性。

许多父母已经习惯了对子女发号施令,常常不能正视孩子已经长大这样的事实,仍然沿用孩子小时候的教育方式,从而导致了许多矛盾与冲突。其实,只要父母对孩子正在觉醒的主体意识给予必要的尊重,这些大孩子将非常乐意承担属于自己的人生义务与责任。

【教师指导家长应对策略】让孩子把话说完,设身处地为孩子考虑,用"我理解你的想法,但是对这个问题我有不同的想法,让我们讨论一下,看看究竟哪个办法好一些,或者是否能找到更好的办法"这种与孩子平等对话的表达方式,比较容易收到良好的效果。

三、遵循规律,循序渐进

正如自然界的万事万物都有自己的发生、发展、变化规律一样,孩子的成长也是一个不以家长主观意志为转移的客观过程。大自然不会要求植物在发芽之前就展叶开花;也不会要求雏鸟在羽毛丰满之前就自由飞翔;更不会要求雪从地面飘起,水往高处流。人是最高级的动物,成长成熟的过程自然更为复杂漫长。无论是身体发育、知情意行的发展、社会化过程的完成,都有不可逾越的阶段和内在的规律性。家长可以认识、了解、把握孩子成长的客观规律,循序渐进、因势利导,但决不可以拔苗助长。

例如,同样是友爱教育,对学龄前的孩子要讲"孔融让梨";对小学生要讲文明礼仪规范;对中学生就可以讲"煮豆燃萁"的历史典故了。同样是科技启蒙,小学阶段的孩子适合读图文并茂、色彩艳丽、感性直观的科普读物,它们与孩子们形象思维占主导地位的思维方式比较吻合;中学阶段的孩子更愿意读反映最新科技成果的科普、科幻作品,这类作品可以满足他们探索未知世界的强烈求知欲望;接受职业技术教育和高等教育的孩子,由于中心兴趣已经形成,一般更关心与自己的职业兴趣相关的科技进步成果,并对此倾注较高的热情。

【教师指导家长应对策略】所谓最新发展区,指的是家长在对孩子进行目标导向时,要善于瞄准孩子最接近的发展目标,积小进步为大进步,用比较容易的小目标激发孩子的奋斗精神,而不是一味用高远的大目标给孩子施加压力。

四、以身示范,注重身教

家庭教育与学校和社会教育一个最大的不同,在于它常常不能预先设计。非常宽松的、无拘无束的家庭生活环境,容易淡化家长的家教意识。许多时候,家长在单位不敢说的话回家敢说,在单位不方便发的牢骚回家可以无所顾忌。这样一来,家长就无意中在孩子面前露出了"庐山真面目"。怎样在亲密无间的环境中保持父母的良好形象与权威,是家教中的一个难题。

在这个世界上,孩子通过模仿而学习,他们的第一个模仿对象正是父母。孩子是父母的一面镜子。我们每个人都可以从孩子身上看到自己品行的影子。因此,家长要求孩子相信的,自己必须相信;要求孩子做到的,自己必须身体力行;要求孩子全面发展,自己先要活到老、学到老;要求孩子少年早立志,自己的人生不能没有奋斗目标。我们很难想象,一位下班之后就喝酒、打牌、"筑长城"的父亲,或一位每天花大量时间在穿着打扮、逛商场上的母亲能给孩子做出勤奋学习与工作的榜样;我们也很难想象,一对连自己的父母也不愿履行赡养义务的父母能教会孩子关心和爱,或整天琢磨怎样损人利己的父母能培养出孩子健全的社会品质。

【教师指导家长应对策略】家长为了孩子要注意检点自己的言行,提高自身的修养,以更加积极的态度对待生活,努力去拓展自己有价值的人生,引导孩子在自己身边学会做人、学会微笑着生活。

五、扬长避短,因人施教

不少家长都容易犯"求全责备"的毛病。用成人的眼光看孩子,自然对孩子的"问题"相当敏感。有的家长喜欢板起"阶级斗争"的脸,瞪起"卫生球"的眼,挑孩子的毛病、找孩子的缺点。家长变成了监督孩子改正"错误"的"家庭警察",而孩子则顺理成章地成了就着"检讨"吃饭的"不争气的东西"。久而久之,孩子对自己越来越没有信心。这实在是个绝大的误区。本来,我们现行的以淘汰为主要特色的教育制度(也可以称为以择优为特色,但结果都是要淘汰多数),已经给了孩子们太大的压力,许多孩子小小年纪,还不知成功为何物,就一次又一次地品味了失败的苦涩。如果家庭教育再施压力,孩子稚嫩的心灵将不堪重负。让天资平平的孩子也能感到进步的欢愉、成功的喜悦,为自己成长为一个平凡的、有一技之长的、有独立生存能力的好人而感到欣慰,实在是很有必要的。家长没有权利把孩子的人生定式为"天天改正错误"、"天天弥补短处"的人生。因为成功的人生从来都不是因为他们每天都努力弥补了自己的不足,而是因为他们每天都在最大限度地发挥自己的优势。

你的孩子肯定有缺点,但他肯定也有自己的优点与长处。能及时发现孩子毛病的家长是明智的;只有能够敏锐地发现孩子优点长处的家长才是睿智的。

【教师指导家长应对策略】发现孩子的优势兴趣并予以鼓励强化,从孩子的实际出发因材施教,比简单地耳提面命、批评训斥更为有效。父母看到孩子的长处,是成功的家庭教育中关键的一步。

六、科学施教,提高效率

随着社会竞争的日趋激烈,生活节奏的不断加快,大人忙,孩子也忙。越来越多的家长觉得没有时间教育孩子。的确,要想动不动就开个把小时的家庭会议解决问题是越来越不现实了。但是,这并不意味着家长真的就忙到连一分钟的空闲都没有的程度。《一分钟爸爸妈妈》就教给了我们许多提高家庭教育效率的方法。这种方法的诀窍是,把父母对孩子的期望与要求都转化为可以用一分钟的时间表达的内容。即一分钟目标提示、一分钟表扬、一分钟批评。

所谓一分钟目标提示,就是把一段时间里希望达到的目标用200余字的篇幅,一分钟可以读完的容量写下来,贴在孩子最容易注意到的地方,时时提醒孩子。每天用一分钟时间把孩子最希望实现的目标强化一遍,直到这个目标实现为止。

一分钟表扬是指每天都挑出孩子做得最好的一件或几件事情,集中给予"不超过一分钟的表扬"。让孩子每天都能感受一下成长的欢乐。实践表明,父母越是真诚地赞美孩子做对的某些事情——尽管孩子做得不完美,他们也就越对自己这方面的能力充满信心。天长日久地、不断地在孩子身上发现优点长处,并及时予以鼓励,会收到令人意想不到的积极效果。你会发现自己的孩子越来越自尊自信,越来越像你所希望的样子了。这就是一分钟赞美的神奇效果。

一分钟批评则是父母送给孩子的一份充满爱心的"惩罚"。用一分钟以内的时间,心平气和地、严肃地、极为简洁地告诉孩子,你认为他哪件事情做得不对,为什么不对,应当怎样做,并明确表示你的信任和期望。这样做比喋喋不休地责骂或抱怨效果要好得多。在接受一分钟批评时,孩子一般不会产生厌倦心理和抵触情绪。因为他们知道,爸爸妈妈并不认为他们做了错事就是坏孩子,爸爸妈妈相信他们会很快纠正并变得更好。无论父母有多忙,一天连一分钟也不能与孩子分享肯定是一种托词。

【教师指导家长应对策略】家庭教育中一分钟目标提示、表扬、批评同时进行科学施教,提高效率。

第二节　家庭教育的重要性

——画好孩子这幅画

孩子出生时,就如一张白纸(质地有好有差)。等孩子到了十八岁,这幅画就基本成型了。在这十八年中,有许多人参与了作画:爸爸、妈妈、爷爷、奶奶、外婆、外公、亲戚、朋友、邻居、张老师、李老师、王老师等等,还有社会、学校、电视、电脑、书籍等都是参与者。这幅画是众人同时或连续创作的:有人画了蓝天,有人画了彩霞,有人画了青草,有人画了小鸟……有人着色鲜艳,有人精绘细描,有人挥毫泼墨,也有人粗心地将灰色颜料滴在画纸上模糊了一大片,这幅画画得如何,与参与画画的每个人、每样事物相关。

但不管如何,家长是保证这幅画质量的责任人。

第一,家长画的时间最长,画了18年;

第二,家长是背景和主景的主要创作者;

第三,家长是本幅画创作的组织者(因为家长是孩子的监护人),谁可以参与作画,家长有一定控制权。

十八年后,当发现这幅画画得不够理想时,家长是没有理由埋怨老师、埋怨孩子的,应该自觉承担责任。

创作这幅画,家长是不可能独自完成的。

在创作这幅画的过程中,各位创作者的作用是不同的。而画的底色、背景是最早涂抹的,只能由家长承担,别人无法替代,你想转交他人也很难办到,这个底色、背景是什么,是孩子早期形成的性格、习惯、品德、智力、情商、语言,等等。底色着错了,背景画坏了,接着画画的人就为难了。孩子们上小学一周后,老师就会发现,有的孩子好教,有的孩子难教。这正如一幅画,假如底色着好、背景布好,张老师在上面画一棵树,王老师在上面画一条河,李老师在上面画一座山峰,赵老师在上面画上太阳……就比较容易画好;假如底色着坏、背景布坏,后续的创作者,就要修改着色、重新布景，不仅很累，而且效果总是有限。

创作这幅画，家长始终是主要的创作者。

别以为孩子上学了，作画（教育）的任务就可完全转交给老师了，这是不可能的。不管你自觉还是不自觉，你还在继续作画，你还是逃脱不了管理的责任。你对孩子的态度，你对孩子的期待，你替孩子作的选择，你对孩子人生观的影响，你作为孩子的榜样，等等，都在持续地影响着你的孩子，这个影响比任何一位老师都大得多，你想不要都不行。从某种意义上讲，家长才是孩子的启蒙老师，相伴最久的老师，影响最大的老师。这幅画画得好不好，孩子成长后是否健康，能否有成就，主要取决于这幅画的创作者——家长作画的水平高低了。

创作这幅画与一般创作不同，除了有意识的创作外，还有无意识的创作。

有意识的创作，事先有愿景，尽量不乱着墨（也有失误的时候），例如，电视广告中，妈妈给奶奶洗脚，孩子帮妈妈端来洗脚水（这就是有意识的"孝心"教育）。无意识的创作，是在潜移默化中进行的（有好有坏，视家庭不同）。

例如，一个生活在"麻将根据地"的孩子长期受到"熏陶"，在课堂上用"红"字组词时，脱口而出——"红中"。是好是坏暂且不说，但它告诉我们一个事实，家长常常在无意识中作画，悄悄地将一点或一画添在画面中。家长千万不要小觑这种不经意的一画，因为家庭教育更多是在无意识中进行，多次败笔的积累，是要涂坏这幅画的。

"生活即教育"是教育家陶行知先生提出的教育观点。这个观点对家庭教育具有重大意义，其意义在家庭教育中可引申为：家庭生活中的任何行为、每一个细节都对孩子进行着教育，家庭教育要通过家庭生活来实施。

有的家长认为，"家长说，孩子听"才是教育，"说"了多少遍就等于"教"了多少遍，这真是天大的误会。其实，真正的家庭教育不在口头而在生活中。家庭教育主要是"潜教育"，也就是说，家庭教育更多的时候是不知不觉的，"随风潜入夜，润物细无声"是家庭教育最好的写照。

家庭生活有多种多样的形式,又有多如牛毛的细节,从而以各种各样的方式教育着孩子。

其一,家长的一言一行,都是孩子模仿学习的内容。

例如,一位母亲,看到一只蟑螂就情不自禁地大叫"啊,蟑螂、蟑螂啊",转身拔腿就跑,假如这一刻,三岁的儿子在场,他就被动地输入了信息:蟑螂是极其可怕的。从此孩子将终生害怕蟑螂,而且性格就趋向胆小,性格教育就在这一过程中进行着。

其二,家庭环境,无时无刻不在以渗透的方式教育着孩子。

例如,家中非常乱,东西乱放,被子不叠,于是,孩子就会养成对什么事都"不要好"的态度,今后就会表现出"作业不整洁"、"做事无条理"等不良习惯。

其三,家长的各种态度,都将影响孩子的世界观。

例如,家里最好吃的东西孩子先吃,孩子穿的衣服、鞋子最贵,长此以往,孩子就形成了"以自我为中心"的心态,从此,对长辈的孝顺、对同学的友爱等等优良品质就很难形成。总之,家庭生活中的每一个细节,在对孩子进行着教育的同时,会点点滴滴累积成孩子优良的品质。

家庭是孩子"基本素质"形成的场所,家庭教育主要是"原生态"的教育。"原生态教育"是否优良,将决定着孩子"基本素质"的高低。孩子"基本素质"高了,今后的发展就会顺当,升学成绩就会优秀,长大后也能适应工作环境,必将终身受益。专家认为,家庭教育的功效将占人一生所有教育功效的80%。可见,"原生态教育"是极其重要的,倘若一个家庭的生活不能给孩子成长提供良好的环境和信息,家庭教育想成功是不可能的。

【教师指导家长应对策略】要接受"生活就是教育"的观念,并在此基础上,创造有利于孩子成长的家庭生活。

1.做孩子的好榜样。家长的言行要得当,要始终提醒自己"孩子是父母的影子",孩子时时刻刻在模仿自己的言行。

2.创造整洁温馨的家庭环境。家中既要整洁又不奢华,有艺术氛围和文化气息,尽可能多地给予孩子良好的熏陶。

3.对待孩子要有正确的态度。既有温暖的亲情又不溺爱,既能宽容孩子的缺点,又能正确对待孩子的错误。鼓励孩子自己能做的事情自己做,丰富孩子的各种生活体验。通过生活教育,使孩子成为身体健康、性格良好、积极向上、兴趣广泛、热爱学习、奋发努力、心地善良的人,为孩子的终身发展打好坚实的基础。

第三节　家庭教育避免"代沟"

——让孩子把话说完

【案例1】刘涛的爸爸说:"孩子现在越来越难管了。这不,昨天才说他几句,孩子就赌气把自己关在房里,一晚上没出来。"

究竟发生了什么事情呢?原来昨天刘涛放学回来得很晚,他爸爸只问了他一句到哪儿去了,谁知道他就有意见了,死活不说,还嫌家长管得宽。刘涛爸爸就动用"家法"了。

后来问了班主任,才知道昨天刘涛在学校帮忙修剪绿化树木,所以很晚才回家。刘涛的爸爸很不好意思,承认错怪孩子了。但是他又不肯放下架子,只一句"只要不是又泡在网吧里就可以了"打发了孩子。

很多家长在孩子面前很权威,也常常武断地维持着他们的权威。

【案例2】王迪稍微有些差错,或者与平时有点不同,他爸爸就会非常严厉地"审讯"孩子:

到哪里去了?

有事……

有事?放学了还有什么事!(他爸爸咄咄逼人)

孩子刚想解释,想说在班级和几个同学商量出板报的事情了。但话还没有出口,他爸爸的巴掌就扫了过来,孩子只觉得脸上火辣辣地痛,但心更痛。

老爸坚持一个信条:棍棒之下出人才,儿子成不成气候,就看平时管教得严不严。孩子还小,不懂得及时和父母沟通,只有将反抗的心思全压在心里,不说话,不笑,不哭……在家里跟爸爸好像仇人似的,害得他妈妈不停地在两边说好话。

教育研究部门专门做了调查，调查的结果显示：大约有1/3以上的家长不愿意听孩子把话说完，就自己表了态。甚至一些家长总把自己的喜怒哀乐强加给孩子，从不顾忌孩子的感受，好像只有这样，才能显示出他们作为家长的权威。孩子们有苦没处诉，就只有采取不合作的抵抗态度来表达自己的不满。

【案例3】许红的爸爸喜欢打麻将，她每周返校回家，家里都在打麻将。妈妈也爱打，一家人又都好客，最多的时候，家里同时开三桌麻将，还有人在旁边看热闹。许红想对爸爸或者妈妈说点什么，他们一句话就把她打发了："我正在打牌，有什么事情明天再说，好吗？"如果许红再坚持一点，爸爸就会发脾气："你没有看见我正忙着吗？有什么事情非得现在说？"女孩子面子薄，激一两句，就被气跑了。许红不仅很郁闷，而且很痛苦。

不管对与错，家长都应该让孩子把话说完。不让孩子把话说完会有三个弊端：

一是孩子说话得不到父母的重视，他们就只能把秘密藏在心底，久而久之就会让孩子产生郁闷情绪，不利于孩子的健康成长，问题严重的，还可能造成自闭症。特别是青春期的孩子，他们喜欢思考问题，意识上觉得自己是大人了，认为大人应该把他们作为平等的个体来对待。如果在现实生活中得不到这种精神上的满足，他们就会走上另外一个极端，也就是自我封闭、拒绝说话的阶段。到了这一步，孩子的心理负担是非常大的。

二是孩子话没有说完，家长对孩子的教育也就成了无的放矢。有些家长认为，孩子是自己看着长大的，他们想什么，家长怎么会不明白呢？的确，父母和孩子在一起生活的时间最长，对孩子是比较了解的。但人的内心世界是十分复杂的，特别是进入青春期后，很多孩子都不愿意把喜怒哀乐表现出来。例如，有些学生早恋、上网成瘾，家长也不知情。非得到了孩子成绩下降、精神萎靡时，家长才意识到了问题的严重性，于是严厉

"拷问"，了解事情真相。可是到了这个时候，孩子已经受害不浅，悔之晚矣。

三是孩子的发言权长久得不到尊重，就很容易产生自卑情绪。在调查中发现，那些自卑的孩子，多半在家里没有多少地位。尽管父母对他们很好，吃穿不少，要钱的时候也不吝啬，可是，他们仍然感觉不到家里人对他们的关爱。一个重要原因，就是说话没有人听。家长不要以为让孩子把话说完是件小事情，这关系到孩子的心理是否健康成长。

【教师指导家长应对策略】

1.无论自己多忙，每次孩子回家的时候，都要抽一点时间和孩子一起活动。

不一定非得问学习上的事情，可以和孩子一起进行一些体育活动，如散步、打球、健身等，这有利于创造一个融洽的家庭氛围，让孩子自然而然把话向父母说出来。

2.要树立一个观念：与孩子说话也是一种教育过程。

不要认为只有辅导孩子写作业才是教育，听孩子说话，也是教育的一个非常重要的内容。很多家长对辅导孩子学习，可能已经力不从心，但是和孩子说话，却是每位家长都可以做到的！只要用心，还会做得更好。

3.不要轻易打断孩子的讲话，要面带微笑，听孩子把话说完。

青春期的孩子很敏感，家长稍有一点不耐烦，他们都能够敏感地觉察到。家长面带微笑听他们说话，其实是一种鼓励和表扬。在鼓励和表扬里长大的孩子，会更加自信、自强。

很多人常用"代沟"来解释两代人之间交流上存在的问题，但是，"代沟"往往是因为家长对孩子缺乏了解和交流造成的，要想更深地了解孩子，应该多做孩子的听众，让他们把话说完。

第四节　家庭教育要"严而不凶"

【案例】魏书生老师任教的班级转入一名新生，魏老师向他重述了本班写作文的六条要求。第一次写作文，该生将作文交上，魏老师浏览了一遍,和蔼地说:你希望魏老师说什么话?孩子听出了老师的话外之音,立马说:我重写!这样的过程重复了四回,直到晚上九点(师生都没进晚餐),孩了交上了第五稿作文,魏老师满意地笑着说:你真行,第一次写作文就达到了要求,我向你祝贺!

【案例分析】这个教育案例告诉我们一个道理,对孩子的教育一定要严格要求,这样可以加速孩子的进步,促进孩子养成良好的习惯,但"严"不一定要"凶"。有些家长跟教师说:"老师,你对我孩子尽管严点,假如他不听话,你可以打、可以骂,我不会责怪你的。"许多家长把"严"和"凶"混为一谈,认为严一定要凶,凶才是严,这真是极大的错误。

"严"是什么?就是对孩子要有明确且较高的要求,并实施到位。"凶"是什么,就是对孩子要很厉害,说打就打,说骂就骂。由此看来,"严"和"凶"不是一回事。好的教育,严是必须的,严师出高徒嘛!

那么,为什么许多家长把"严"和"凶"混为一谈呢?原因在于,这部分家长在孩子面前缺少一种"威",家长向孩子提出的要求(有的可能也不恰当),孩子不愿实施或实施不了,家长就要借助"凶"来强行实施,于是,"凶"就随着"严"而来了。"凶"的家长,多半是有"强权"和"人治"思想的。民主的家庭,"凶"的行为是少有发生的。

"凶"在某些时候确实有利于"严"的落实,但对其负面作用千万不可小觑。一个常常被"凶"的孩子,自尊会遭到伤害,心情会很压抑,逆反心理会过强,性格会遭到损坏,久而久之,会形成恶性循环,最后家庭教育变成"凶中无严、严而必凶、凶而无效"。

【教师指导家长应对策略】家长怎样才能做到"严而不凶"呢?

第一,要严而得当,倘若"严"的要求太高,实施受阻,许多家长就忍不住要"凶";

第二,家长要努力在家庭中树立威信,让孩子从心底里信服你;

第三,家庭要多营造民主的氛围,让孩子自觉接受"严"的要求。

只有做到"严而不凶",家庭教育才能更健康、更有效。

第五节　家庭教育要正确使用惩罚教育

社会对惩罚教育有许多误解。有的人极端地认为,惩罚教育是个坏东西;还有人想当然地认为,惩罚教育就是体罚教育。对这些误解的纠正有利于家庭教育的实施。

笼统地说一个东西是好或是坏,是不妥当的。许多有毒的植物,恰恰是治病的良药,就看能否对症下药。惩罚教育也一样,用得好是一种良好的甚至是必需的教育手段,用不好就可能伤及孩子甚至伤及孩子的终身。

体罚教育只是惩罚教育中的一种,惩罚教育的范围要比体罚教育的范围大得多。国家规定学校不得使用体罚教育,教师必须无条件遵守。但作为家长,当孩子小还不能有效讲理时,可否使用轻微的体罚教育,却是一个可以商榷的问题:

不管各位家长是否意识到,惩罚教育几乎在所有的家教中都有实施。所以,惩罚教育值得每位家长去探究,以便充分发挥它在家庭教育中的积极作用,尽量消除它在家庭教育中的负面作用。

惩罚,说白了就是主动让人不痛快。让人不痛快的方式很多,让你的肌肉感到疼痛,让你的欲望得不到满足,让你受到否定评价而产生低落情绪……由此推出,打孩子的屁股,不给孩子吃零食,不给孩子买玩具,禁止孩子做自己喜欢做的某件事,严厉地训斥孩子,等等,都是惩罚教育的方式。总之,惩罚教育的方式多种多样,不可穷尽,不单单是体罚一种方式。

惩罚教育是有理论依据的,心理学上称之为"负强化"。当孩子发生不良行为时,给予适当的惩罚,就能有效终止这个行为(因为人天生是追求快乐最大化的);当孩子存在不良习惯时,通过适当惩罚,就可以改变这种习惯。家教缺少了惩罚教育,就失去了一种重要的教育手段。

但是,滥用或使用惩罚教育不当,对孩子的危害也是很大的。它容易造成孩子的暴力倾向、喜欢撒谎、自卑心理、自闭心理、逆反心理、形成偏执、反社会人格,等等。可见,惩罚教育在家庭教育中,不是用还是不用的问题,而是如何正确使用的问题。

【教师指导家长应对策略】许多教育家对惩罚教育有过广泛的研究,提出了众多使用惩罚教育的原则,最主要的有:

1.惩罚教育的使用不可以伤害孩子的自尊;

2.惩罚教育的使用不可以伤害孩子的身体;

3.惩罚教育要把握好度,轻重要因事因孩子的性格而确定;

4.惩罚教育使用要及时,孩子不当行为发生后要紧接着使用;

5.惩罚教育要有原则,要事前告知(书面的更好),让孩子明白被惩罚的原因;

6.惩罚教育要以教育孩子为目的,家长要理性对待,千万不要变成家长不良情绪的发泄。

合理的惩罚制度不仅是合法的,而且也是必要的。这种合理的惩罚制度有助于形成学生的自立、自强的性格,能够培养学生的责任感,能锻炼学生的意志和人格,能培养学生抵抗诱惑和战胜诱惑的能力。

第六节　家庭教育要多"引导"少"控制"

心理学家弗洛伊德发现了潜意识,这是件很了不起的大事。的确,人的多数行为是受潜意识控制的,家庭教育也是如此。假如我们不懂得这个道理,就发现不了家庭教育中的许多错误。许多家长对孩子教育,习惯于本能地"控制",而不是积极主动地"引导"。

引导,就是家长采用启发式的教育手段,帮助孩子明白道理,对自己的行为作出选择。控制,是家长不讲明道理,而是按照自己的意愿,代替孩子作出行为选择。

【案例】孩子做作业速度太慢,怎么纠正呢?

两位妈妈采用不同的方法教育孩子,产生了两种不同的情景。

情景一　用"引导"的教育方法

妈妈:孩子,作业做得太慢有什么不好?

孩子:考试来不及答题,就考不好呗!

妈妈:那怎么办?

孩子:努力改正。

妈妈:好,妈妈非常支持你,妈妈有这样一个"点子",你今天完成作业用了大约两个小时,从明天开始,每天完成作业缩短五分钟,你自己用闹钟限定好时间,自己管理,先试两星期,好吗?

孩子:好!

(方案开始执行后,家长注意观察,无论孩子是否做到,都要及时给予鼓励)

情景二　用"控制"的教育方法

妈妈:你做作业怎么还那么慢!考试怎么来得及,跟你说了多少遍了,怎么就不改?以后做作业必须一个半小时完成,没有按时完成不准看电视,听到了吗?

孩子:(闷闷不乐,沉默不语)。

两位妈妈教育孩子的方法哪种更好些、更有效?答案不言而喻。

用"引导"的方法教育孩子有很多好处。

第一,孩子把成长的事当成自己的事,没有被迫的感觉,成长的动力就更大;

第二,家庭更有民主的气氛,孩子的性格会形成得更完美(平和、友善、独立);

第三,孩子能保持良好的心情,学习的效率更高。

用"控制"的方法教育孩子有许多坏处,情况正好与"引导"背道而驰。

为什么许多家长在家教中更多用"控制"的方法。我们应弄清其原因,以便纠正"控制型"的家长的教育理念。

"控制型"教育家长的观念:

第一,孩子是我生是我养的,我有权管制(控制),把孩子看成自己的"产品",而不是把孩子看成具有独立人格的"人",把控制孩子看成理所当然的事;

第二,孩子还小,什么都不懂,不控制怎么行?其实,每个生命体都有自己的感觉,都有自己的"有机体评价",只有本人的"机体"才最清楚自己需要什么，什么是最快乐的，别人的判断都是猜测，常常是不准确的，是强加的。

第三，把孩子看成是自己生命的延续，看成另一个"自己"，于是，将自己的理想当作孩子的理想，自己未达成的愿望要孩子去实现。

【教师指导家长应对策略】教师应反对家长对孩子过度的控制，但并不反对有适度的控制。引导家长尊重孩子的"感觉"，"引导"孩子作出自我选择，从而走向健康的成长之路。

第七节　孩子戒网瘾要从父母做起

教育有个过程，一次不行，来第二次；第二次不行，来第三次……孩子改正错误也需要一个过程，要坚持还要坚定，耐心最重要，坚持就是胜利。

【案例】陈峰爸爸痛哭流涕地对班主任许老师说："孩子戒除不了网瘾，我活着还有什么意思呢？"原来陈峰迷上了网络游戏，整天泡在网吧。老师和家长对陈峰教育了很多次，可是孩子就是管不住自己，都高三了，陈峰还跑到网吧里泡了三天。

许老师对陈峰的父亲说："教育不好孩子，是自己的责任，寻死觅活有什么用呢？"许老师和陈峰的父亲谈了很久，了解到陈峰上初中以前原本还是一个品学兼优的好孩子。那时，陈峰很自立，也很聪明，还非常懂礼貌。但从初一接触网络游戏后，他就一步步地陷了进去。刚开始他父亲苦口婆心地劝过他，可陈峰就是听不进去。于是陈峰爸爸就想到个硬办法——断网线！

孩子上学走了之后，陈峰爸爸就给他断了网线。陈峰回来发现了之后威胁爸爸："你再断网线，我就不去上学了。"为了让孩子去学校，他爸爸心软了，以后只好睁只眼闭只眼。但是没有想到，过了一段时间，班主任告诉陈峰爸爸："陈峰最近经常逃学，整天泡在网吧，你的孩子是班里最散漫的学生。"这时，他爸爸才意识到了问题的严重性。

因此，家长教育孩子时，对孩子妥协往往是导致孩子更肆无忌惮的一个主要原因。

为了管住孩子,家长也骂过、打过孩子,甚至很长时间不给孩子钱,希望借此断掉孩子去网吧的念头。他们的种种高压政策,目的就只有一个,想把孩子控制住。可是这种高压手段,却只会让孩子的反抗越来越升级,这种情景不断重演——父母数落,陈峰不听;父母开始骂,陈峰就很厌烦;父母打他,陈峰就离家出走。好不容易熬到了高三,眼看明年就要高考了,陈峰又神龙见首不见尾了,他爸爸伤透了心,所以才说出不想活了的话来。

那么,孩子上网成瘾,家长该怎么办呢?

【教师指导家长应对策略】

1.家长要先做好自己,更要注重言传身教。

孩子的毛病往往是父母问题的影子,家长首先要在自己身上铲除这些问题。陈峰爸爸动不动就说不想活了,这本身是一种怨恨的心态,家长怨恨孩子,孩子不怨恨家长才怪呢!因此,家长一定要保持阳光的心态。阳光的心态,就是一个人要有大爱的胸怀,即爱生活、爱家人、爱自己,而且无怨无恨。怨恨是一种很不健康的情绪,而且很容易在亲人之间传播。家长对孩子怨恨越深,孩子也就越反叛,越仇视敌对。所以,为了教育好孩子,家长先要做好自己,更要注重言传身教。

2.家长要改变教育方式,赢得孩子的信任和尊敬。

网瘾有害,这样的道理很多家长也会讲,为什么孩子们听不进去呢?因为多数父母讲得比较空洞,而且是居高临下的,不是平等的,孩子从心理上排斥。他们的谈话给孩子的只有一种感觉——他们是在管教自己,这很容易引起孩子的反感,他们更拒绝和父母交流了。因此,作为家长,教育的第一个任务是赢得孩子的信任和尊敬,然后在这个基础上才好和孩子讲话。家长要选准时机,找准角度,注意自己的语气、语速、肢体语言以及自然情感,由此展示家长的亲和力,让孩子愿意配合家长。如果孩子不配合,后面所有的教育都成了空话,是没有用的。

3.家长要和孩子真心地交朋友,以朋友的身份去做孩子的思想工作。

很多家长和孩子做不了朋友,他们和孩子有很多隔阂。有些家长口头上说愿意和孩子做朋友,可是骨子里还是认为自己是孩子的父母,是长辈,这样怎么能和孩子谈得来呢? 家长要真心地和孩子做朋友,不要恩赐性地去做孩子的朋友,而是要通过自己的言行,让孩子感到你就是他们的朋友,这样才能够真正地走进孩子的心灵,被孩子所接纳。

4.家长要有原则。

不少孩子在学习问题上,爱跟父母讲条件,家长往往害怕孩子不学习,而屈从孩子的条件,这是一个非常严重的错误。如果从孩子小时候就屈从他们的条件,等孩子慢慢长大了,后果将不堪设想。有一位教育家说得好:"原则上的事寸步不让,小事上可以宽容理解。"

5.家长要有耐心。

不少家长经常说恨铁不成钢,可钢是恨出来的吗? 不,钢是炼出来的,必须百炼才能够成钢。所以,教育孩子,家长一定要有耐心。

【教师指导家长帮助孩子戒除网瘾的处方】

1.把孩子当朋友,心平气和地跟他们进行友好交流;

2.不要急于逼孩子开口承认错误,等孩子愿意和父母说话了,再慢慢引导,要密切关注他们的一言一行;

3.家长不要指责孩子已经犯的错误,要努力引导孩子自己发现问题和反思自己的错误;

4.不要总控诉孩子的缺点,不要把孩子当敌人;

5.要相信孩子是可以改变的;

6.要想孩子理解家长,家长要先去理解孩子;

7.原则的事寸步不让,小事上宽容理解;

8.父母与子女的感情不能够物质化、金钱化;

9.孩子最缺乏的是做人的教育,上网成瘾其实不是网络的问题,要是没有网络,也可能会有其他的东西让孩子着迷。

第八节　家长改变才能让学生改变

没有不会改变的孩子,关键是家长改变了没有。

搜集家长批评孩子的话,其中使用频率最高的一句是"屡教不改",尤其是孩子在犯重复的错误时,家长这句"恨铁不成钢"的话就溜出来了。甚至还有些家长这样说："牛教三次都晓得犁田,你简直比牛还笨!"

这样的话,严重地伤害了孩子的自尊心。一位学生跟教师说,每次父母这样骂他的时候,他就感到头特别地大,脑袋里嗡嗡作响,别说去改正错误了,就是连父母讲些什么话,他都听不清楚了。

【教师指导家长应对策略】其实,很多时候,要改正学生身上的问题,先要从改变家长入手。家长改变了,学生自然就会跟着转变了。

【案例】刘天的父母离婚了。他的妈妈常常自怨自艾,认为是自己做得不够好,丈夫才离开她的。现在孩子是她唯一的安慰和希望,她只想把儿子带好,好让丈夫后悔。

可是,由于家庭原因,孩子的成绩并不理想,这让她很烦恼,她也不知道问题究竟出在哪里。该买的辅导书也买了,该请的家教也请了,自己的孩子就是没有别的孩子有出息。究竟是什么原因导致这样,母子并没有交流过。

有一天,班主任朱老师在作文里发现了孩子的苦闷。他在作文中描述了一个自卑男孩苦闷的内心:他没有爸爸,也不招人喜爱,头脑也不聪明,因此活得很不幸福……

朱老师觉得有必要和他妈妈谈谈。于是,朱老师把那篇作文复印好后,就去了刘天家家访。孩子妈妈看过那篇文章之后,被深深地震撼了!文章里那个自怨自艾的男孩,几乎就是她自己的翻版!原来,父母的消极抱怨给孩子带来了那么巨大的心理负担啊!

她问朱老师:"我该怎么办啊?"朱老师只告诉她一句话:"只有改变自己,才能够改变孩子。"

如何改变自己呢?朱老师给她提供了两条策略:

【策略1】家长要给孩子树立一个好的榜样

朱老师建议她给自己确立一个上进的目标。她说想参加继续教育,打算用两到三年时间,学完自学考试的全部课程。

朱老师说很好啊,并且鼓励她把自己的计划对孩子也讲一讲,并请孩子监督。于是,每天晚上,她都做好计划,在本子上写下一件明天要做的具体事情,比如,练瑜伽;和同事共进午餐,增进了解;参加单位的演讲比赛,并以此逐渐摆脱自己孤僻、哀怨的形象等。她把计划写在纸条上,早晨起来后由儿子读给她听,作为提醒。晚上吃饭的时候,他们一起检查执行情况。

开始,孩子以为妈妈有毛病,但是看到妈妈坚持不懈地这么做,而且态度前所未有地认真,孩子很受触动。

【策略2】家长要带动孩子一起改变

朱老师建议她的改变计划里应该有孩子,哪怕孩子不愿意,她也应该多同孩子交流,这样可以让孩子在具体的追求改变的氛围中,感染这种气氛,从而学会改变。她接受了朱老师的建议,不久,母子俩开始互相监督、互相鼓励,她的纸条边又增加了孩子的纸条,孩子也有一个改变自己的计划了!这确实很令人兴奋。现在,她终于获得了师范大学汉语言文学专业的大学本科文凭。而最重要的是,孩子也变得开朗活泼了。孩子在日记中写道:"尽管我的爸爸没有和妈妈住在一起,但是,我发现他们都很爱我……"孩子的心态变得如此阳光,她不知有多欣慰。

【案例分析】没有不会转变的孩子,关键是家长转变了没有。有一句话叫穷则思变,其实,很多时候,这个"穷"就是没有办法,所谓穷途末路就是这个意思。现在媒体上常常说,单亲家庭有多少多少问题,很多家长无法教育他们的孩子。可话说回来,家长为什么不学着改变呢?家长一定要学会改变,只要是对孩子成长有好处的,做得不好就要改,千万不能钻牛角尖。

第五章　教师指导家长解决困惑问题的艺术

第一节　"第一任教师"应当干什么

大多数孩子的"第一任"教师——父母——都没有经过"岗前培训"，有些父母尽管大学毕业，文化素质很高，多年寒窗苦读，数、理、化、史、地、生等知识装了几口袋，外语学了不止一门，但是，没有一门课程是教给他们将来怎样做父母的。"第一任教师"应当干什么，绝不是个别家长的困惑，而是整个民族的困惑，一个时代的困惑。

爱孩子，是母鸡也能做到的事情。当鸡妈妈把米粒啄到小鸡嘴边的时候；当它在危险面前用自己并不强壮的翅膀拼命护住小鸡的时候，每一个细心的观察者都会被这种纯真的母爱所感动。但母鸡的爱只是出于动物的本能。父母之爱不止于此。在父母心中的不仅有血脉相连的浓浓的亲情，更要有一份沉甸甸的责任。一套科学育儿百科全书，一大堆启迪智慧的儿童玩具，一笔可观的教育储蓄，一套位于"高尚社区"的舒适的住房，周围环绕着最好的幼儿园、小学、中学……许多父母已经为孩子准备了所能想到的、尽到的一切。

一位美国教育家是这样论述的，父母对待孩子的态度以及由此构成的心理环境，比上述一切准备更为重要。这也是对父母们提出的忠告：

指责中长大的孩子，将来容易怨天尤人。

敌意中长大的孩子，将来容易好斗逞勇。

恐惧中长大的孩子，将来容易畏首畏尾。

怜悯中长大的孩子，将来容易自怨自艾。

嘲讽中长大的孩子,将来容易消极退缩。

忌妒中长大的孩子,将来容易钩心斗角。

羞辱中长大的孩子,将来容易心怀内疚。

容忍中长大的孩子,将来必能极富耐性。

鼓励中长大的孩子,将来必能充满自信。

赞美中长大的孩子,将来必能心存感恩。

嘉许中长大的孩子,将来必能爱人爱己。

接纳中长大的孩子,将来必能心胸广大。

认同中长大的孩子,将来必能掌握目标。

分享中长大的孩子,将来必能慷慨大方。

诚实中长大的孩子,将来必能坦诚真挚。

祥和中长大的孩子,将来必能有平和的心境。

公平中长大的孩子,将来必能维护正义真理。

安定中长大的孩子,将来必能信任自己、信任他人。

友善中长大的孩子,将来必能对世界多一份关怀。

读了上面的忠告,你觉得自己准备好了吗?

【教师指导家长应对策略】以"诚惶诚恐"的态度认真对待父母这一重要"职务"。

人生一世,只有一个职位"非你莫属",那就是为人父母。对于你的孩子,父亲和母亲的"岗位"是唯一的,不可替代的。

如果说家庭教育的主要任务是教孩子做人,父母实在承担了"天大的责任"。唯有诚惶诚恐、严谨认真地对待这个"人生最重要的职务",认真研究孩子成长的规律,才能很好地完成培育人的使命。

用简洁的语言描述"第一任教师"的责任:

1.抓住孩子睁开眼睛看世界的契机,培养孩子的好奇心和求知欲望,比灌输知识更重要。

2.抓住孩子表达情绪情感的契机,培养孩子积极、健康的情感,比控制孩子的情感更重要。

3.抓住孩子遭遇困难的契机,培养孩子战胜困难的意志品质,比帮助孩子解决困难更重要。

4.抓住孩子寻求需要满足的契机,培养孩子良好的行为习惯,比满足孩子的某些需要更重要。

总之,"第一任教师"——父母——的责任非常重大,任重而道远。父母们的责任:培养孩子的好奇心和求知欲望,培养孩子积极健康的情绪情感,培养孩子顽强的意志品质,培养孩子良好的行为习惯。配合学校与社会,把孩子教养成为身心健康、人格健全,有生存竞争能力、社会适应能力、开拓创新能力的新型人才。

第二节 "好孩子"的标准是怎样的

家长都希望有个好孩子。可是在孩子成长过程中,家长对于好孩子的标准却感到越来越困惑了。如果"好"的"上限"意味着"优秀",可能大多数孩子永远没有机会做好孩子。所以,家长没有要求孩子学习必须考第一,体育比赛一定要拿冠军。但是,"好孩子"总得有个"底线"吧?

家长觉得这个底线起码是不犯错误。昨天和同学打架,今天违反了课堂纪律,时不时地被老师批评,已经成了孩子的"家常便饭"。可是,当家长耐着性子要求孩子做个不再犯错误的好孩子时,孩子的一句话差点没把家长噎死:"死人才不犯错误呢! 上回你还说伟人也会犯错误,凭什么伟人就能犯错误,小孩就不行呢?!"孩子的话让家长感觉到,"好孩子"的标准还真的不那么好把握呀!

分析错误原因:把"好孩子"等同于"不犯错误的孩子"。

把"好孩子"等同于"不犯错误的孩子",是"底线",这是许多家长常犯的"逻辑错误"。既然已经意识到通常使用的好孩子概念达不到"优秀"的标准,又把"不犯错误"作为"底线",换句话说,孩子可以不"优秀",但必须"完美"。这不是很荒谬吗? 用一个逻辑来表示,我们将得到下面的推论：

前提：好孩子是不犯错误的孩子；

事实：优秀的孩子也会犯错误；

结论：优秀的孩子也不是好孩子！

这个"完全符合逻辑"的推论显然违反了"生活的逻辑"。

用这样自相矛盾的标准要求孩子，合理吗？

【教师指导家长应对策略】把握"好孩子"标准，鼓励孩子在"改错"中成长。

孩子成长过程中必然会伴随大大小小的错误，"尝试错误"也是进步的阶梯。不让孩子犯错误，等于剥夺了孩子生存的权利。因此，"好孩子"不是"完人"，他们有犯错误和改正错误的权利。尽管我们可以在一般意义上把身体好、品德好、学习好作为"好孩子"标准的上限，但必须同时明确，只要没有重大的品德缺陷，所有能够在错误中学习和成长的孩子都是好孩子。

鼓励孩子在"尝试错误"和"改正错误"的过程中学习和成长，并不意味着家长可以放手让孩子去犯错误。恰恰相反，家长要运用自己掌握的知识、经验、人生阅历，帮助孩子了解罪行、错误、过失之间的界限，引导孩子远离黄、赌、毒等罪恶的诱惑；提醒孩子少犯和尽可能不犯自己无法承担后果的"人生犯不起的错误"；引导孩子及时改正不可避免的错误；鼓励孩子尽量减少过失带来的错误。

第三节　我属于哪种类型的家长

很多尽心尽力的家长在孩子小的时候，对孩子关心照顾得无微不至，工作以外的时间基本上都花在孩子身上。吃的生怕缺乏营养，穿的生怕不够舒适，玩的生怕不够安全，用的生怕不够时尚。幼儿园、小学都是选最好的，第二课堂、家教花多少钱从不吝啬。为了保证孩子的营养，大人宁可节衣缩食；为了孩子的安全，大人可以每天几趟接送；为了给孩子挤出点儿午休时间,大人宁愿到学校附近高价租房;为了保证孩子的不受伤,家长规定了至少几十个"不准";再加上孩子小的时候,三天两头闹个小症候,半夜三更跑医院,早晨还要按时上班……说实话,有了孩子,活得真累呀!没想到好不容易盼着孩子上了中学,反倒挑起父母的毛病来了,今天嫌父母唠叨,明天嫌父母没本事,还动不动说家长压根儿就不懂得家庭教育,不是"民主型"的家长。当家长也得"有型"吗?父母把一切都给了孩子,难道还不算好家长吗?

分析原因:"三大误区"困扰着家长。

一、"三大误区"

"把一切都给了孩子",是许多家长自愿的选择。浓浓爱心掩盖了现代家庭教育的"三大误区"。

1.重身轻心的抚养方式

"我没有得到的,我的孩子应当得到","别人的孩子有的,我的孩子也要有"。在诸如此类的思想支配下,不少家长自己节衣缩食,却给孩子设计了以"超前消费"为特色的生活方式,造就了火爆的儿童营养品市场、儿童玩具市场和越来越多的肥胖但未必健康的儿童,也助长了孩子们之间的盲目攀比之风,且愈演愈烈。作为家庭的"重点保护对象",孩子们一旦习惯了这种"以自我为中心"的生活方式,就会理所当然地认为,生活本来就"应当如此",他们就会心安理得地享受一切而毫无"感激之情"。而许多家长对孩子在日常生活中表现出的自私、任性、骄纵、脆弱等不良的心理品质,则缺少应有的敏感。直到孩子的要求超出了家庭的承受能力而且对父母的难处毫不体谅,用他们的"自我中心主义"深深地刺伤父母之心的时候,许多父母才如梦初醒:在用高营养的食品滋养孩子身体的时候,家长似乎忘记了用高品位的精神食粮滋养孩子的心灵。家长不仅要对孩子的伤风感冒如临大敌,而且要对孩子人格上的缺陷严阵以待。

2.重智轻德的教育方式

"家庭是孩子人生的第一所学校,家长是孩子人生的第一任教师"。

这样一个正确的命题被许多家长片面地理解为：家庭这所学校就是帮孩子学好功课，家长作为"老师"就是要为孩子检查作业。于是，有些家庭成了孩子的第二课堂，学完了学校教师布置的，再学家长加码要求的；做完了课堂上布置的家庭作业，还要做家长布置的琴、棋、书、画练习。好不容易盼来了周末、节假日，家长已经早有了第三课堂的"系统安排"：星期六上午完成全部作业，下午上英语辅导班；星期天上午背英语课文、下午预习数理化；假期机会难得，去年钢琴才过六级，今年努力考八级，争取升学择校！在这样的家庭环境中，孩子成了学习和考试的机器，而兴趣与情感、意志与性格、思想品德等对孩子成长更为重要的因素却常常被忽视了。

与对成绩、分数的重视构成鲜明对比的，是家庭德育意识的淡薄。不少家长能一口气报出孩子各学年的考试成绩，并对其成败得失分析得头头是道，但对孩子的个性心理品质、人格特征、道德水平、价值观念、感情生活却所知甚少。

3.重他律轻自律的行为养成模式

家庭是孩子行为习惯的养成之所，许多童年时代在家庭生活中形成的习惯甚至可以伴随其一生，这已经被大量的观察与研究所证明。

许多家长用来规范孩子行为的"撒手锏"就是喊"狼来了"。从"红眼绿鼻子、四个毛蹄子、走路啪啪响、专抓哭孩子"的"善意的恐吓"，到"小心点，闯红灯警察要罚款"的谆谆教导，客观上都在向孩子传递着这样一种信息：社会行为规范是一种凌驾于一切人之上的"异己的力量"。而无意识的"怕警察"心理便在此基础上逐步形成了思维和行为定式。至于自觉遵守社会行为规范能给行为主体带来的方便与好处，在这种行为养成模式中常常是被忽视的。

因此，由五尺高的大人规定的"应当怎样"，很难内化为孩子自觉的行为准则。一个仅仅是为了逃避惩罚才循规蹈矩的孩子，在无人监督的场合可能会怎样行动，就是不难想象的了。"重荣辱，轻是非"的"耻感文化",使孩子们从小学会了"爱面子"、"怕警察",缺少自律的行为习惯又使他们很难达到"随心所欲而不逾矩"的"自觉"境界。这种让孩子们感到尴尬的二律背反现象,正是由家长的不当教育一手造成的。

二、家长类型和家庭教育模式

根据家长对孩子关心的程度、家长对孩子控制的程度和亲子关系状况,把现代中国家长和家庭教育模式划分为五种基本类型。

1.权威型

家长对孩子高关心、高控制,宠爱和严加管束结合,构成了权威型的家庭教养模式。在这种教养模式下,家长对孩子全权负责,全程呵护,亲子关系表现为"权威与服从"。

由于经历过奋斗的艰辛,并深知未来竞争之激烈残酷,许多独生子女家长对孩子既投入了全部的爱心,也寄予了全部的希望。孩子小时候,他们对照书本要求喂养,三天两头检查发育水平;孩子长大点,要挑选最好的幼儿园、小学、中学,并对孩子提出相当高的成绩要求,从小学低年级的双百分,到小学高年级的年级前三名、中学时的班级前五名,似乎孩子得到了无可挑剔的照料就应该考出无可挑剔的成绩;为了让孩子有更多的出人头地的机会,他们常常为孩子安排各种各样的"第二课堂"活动,自己则不辞劳苦地陪学、陪练;对于孩子在校园生活中遇到的大大小小的问题,家长统统出面摆平;甚至孩子交朋友、找工作也由家长包办。许多"高分低能"的孩子就是在这种"权威型"家庭培养出来的。

家长过分的保护、过高的期望、过多的包揽,使孩子的自信心、独立性完全失去了成长的可能,这样的孩子很容易形成怯懦胆小、意志薄弱、娇气、清高孤傲等不良个性心理特征。一旦遇到不能由父母解决的事情,他们便一筹莫展。因此,"抱大的一代"已经成为一个使用频率很高的专用名词并不需要任何注解。

2.溺爱型

家长高关心、低控制,盲目溺爱和疏于管束结合,构成了溺爱型的家庭教养模式。孩子成了家庭生活的中心,亲子关系成了"主仆关系",孩子是"主人",家长是"仆人"。把不让孩子受任何"委屈",不让孩子感到任何"欠缺"作为"没有遗憾"的标准的父母,往往对孩子的一切要求无条件地迁就,对孩子的不良行为以"树大自然直"为由姑息纵容。自我中心、骄横跋扈、懒惰散漫、贪婪无度的"霸王"心态,就是在这种"溺爱型"的家庭逐步形成的。这种"小霸王"心态如果不能得到及时矫正,则很容易发展为反社会型人格,给孩子将来适应社会留下巨大的隐患。

3.专制型

家长低关心、低控制,缺少关爱与粗暴的管教方式结合,构成专制型家庭教养模式。在这种类型的家庭里,家长用棍棒和责骂维系着长辈不可动摇的权威。亲子关系常常是"猫鼠关系"。一些文化层次不高、封建意识浓厚,而且教子无方的家长只好用这种最原始的方式保持自己对子女的控制力。对于这部分家长来说,孩子只是传宗接代的工具,是"我"的私有物。"我"生了他、养了他,就有权利支配他;他吃"我"的、穿"我"的、住"我"的,就有义务听"我"的。孩子的人格、孩子的自尊、孩子的意志、孩子的权利,在家长的意志面前统统被忽略不计。亲子关系变成了一种简单到不能再简单的支配关系。长期得不到亲情温暖的孩子对父母自然会生出疏离、戒备、不信任感。由于经常被责骂,他们还会变得消极、自卑、暴躁或富有攻击性。

4.放任型

家长低关心、低控制,对孩子放任自流便构成了放任型家庭教养模式。放任型的教养模式实际上是压根儿就没有教育。亲子关系像两条永不相交的平行线。家庭只是吃饭和睡觉的地方。

放任型的家长一般由三类人构成:一类是所谓的"工作狂",他们过于专注于自己的工作或社交活动,完全无暇顾及孩子的教育,甚至连一些纯消遣性的应酬也被摆在了子女教育之上。这实在是一个不能原谅的过失。第二类是一些文化程度、抱负水平较低,又缺少家庭教育意识的家长。他们对孩子的衣食住行尚能予以关照,对子女的教育却是心有余而力不足,他们对自己的责任定位仅仅局限于把孩子养大,教育孩子的任务一股脑儿推给学校和社会。所以,他们既不对孩子的前途抱很高的期望,也不存在焦虑与失望,对孩子的学业成绩、思想品德、心理健康都表现得比较麻木。第三类是一些没有教育资格的家长。他们或劣迹斑斑,或放荡不羁、玩世不恭、游戏人生,他们既没有能力,也没有兴致考虑孩子的教育问题,有时甚至连孩子的一日三餐都料理不到。

在放任型的家庭教养方式下,孩子由于得不到必需的教育指导,常常更容易受到友伴群体、社区环境的影响,染之苍则苍,染之黄则黄。向不同方向发展的概率往往难以估计。街头少年、流浪儿童,通宵上网、被社会黑恶势力胁迫从事违法活动的孩子,常常来自放任型家庭。

5.“民主型”

家长适度关心、适度控制、合理管教与尊重孩子相结合构成了民主型的家庭教养模式。在理论上,这种教养方式是比较理想的,但在实际生活中,能够用好民主型教养方式的家庭并不多见,日常观察到的许多“民主型”家庭常常徒有其表。

【教师指导家长应对策略】“对号入座”,“对症治疗”

既然没有完美的家长和完美的家庭教育,无论属于哪种类型的家长,都不妨先给自己“对号入座”,看看自己的日常教育模式主要属于哪种类型,或兼有哪几种教育模式的特点,然后分析自己的家庭教育中和亲子关系中存在的主要问题,和孩子一起探讨这些问题,找到双方都可以接受的改进措施。

几乎所有的家庭矛盾、亲子冲突,都与当事人思考问题“角色立场”有关。心理学的研究表明,通常亲子交往过程中双方各自都有3种基本的“角色立场”,即儿童角色、家长角色、成人角色。双方选择的角色立场不同,结果也大相径庭。在大多数情况下,家长习惯于用“家长—儿童”模式,“儿童—儿童”模式处理家庭教育问题,由此带来的角色冲突,常常使家庭教育效果大打折扣。

下面是家庭生活中常见的 3 个生活场景：

场景一：期末考试前，家长和孩子对话。

"如果期末考试进不了前 8 名，下个学期你就甭想再玩电脑！"家长发出了指令。

"知道了。前 8 名太难了，前 15 名行不行？"孩子讨价还价。

"没门！"家长强硬地拒绝。

这时，可能出现 3 种情况：

本来学习基础不错的孩子感到有机可乘，会提出进一步"奖励要求"："如果我考进了前 8 名，玩电脑的时间可不可以每周增加 1 小时？"——如果得到肯定的答复，也许会有所行动，但学习动机变成了"为了更多地玩电脑而努力"。

缺少自信的孩子："真倒霉！"——无奈地接受，但结果常常无法预料。

认为自己根本不可能达到父母要求的孩子："反正我进不了前 8 名，下学期肯定是玩不成电脑了，不如现在抓紧玩个够本！"——用行动"抗命"，学习成绩进一步下滑。

这是典型的"家长—儿童"模式——命令与服从。

场景二：邻居小朋友告状。闯祸的孩子回到家，爸爸的脸拉得很长。

"你算个什么东西？ 三天不打，上房揭瓦。看我今天怎么收拾你！"父亲发出愤怒的咆哮。

"他才不是东西呢，打小报告，有本事跟我单挑！"孩子满脸不服气。

"我不管你有什么理由，今天这顿打你是跑不了的！"爸爸不由分说举起了巴掌。

"打人犯法，侵犯人权！"孩子高声抗议。

"你能打别人，我就不能打你？ 奇怪了，我今天就是'犯法'也得教训你！"爸爸的巴掌毫不犹豫地拍了下来。

"别以为我打不过你！如果你不是我爸，今天谁输谁赢还说不准呢!"孩子壮实得像小树干一样的胳膊把爸爸的巴掌擎在空中。

爸爸满脸愕然……

这是典型的"儿童—儿童"模式——谁怕谁呀！

场景三：孩子考试成绩不理想，耷拉着脑袋回家。

"儿子，看来今天'出师不利'啊?"妈妈关切地询问。

"别提了，今天这卷子出得也太偏了点儿，我这回丢人丢大发了，只考了 79 分。"孩子一肚子郁闷。

"卷子'偏'到什么程度？全军覆没了?"妈妈进一步询问。

"那倒不至于，班里还有几个 80 分以上的。"儿子有一搭没一搭地回应。

"要是这样的话，妈妈可要恭喜你了！虽然 79 分，可毕竟还是班级前几名呀!"妈妈的话带着幽默，透着鼓励。

"话是这么说，毕竟是下了 80 分，这门课我还没有这么差过，有点窝囊。"孩子进一步释放负面情绪。

"窝囊肯定也消耗能量。不如先吃饭，再好好睡一觉，明天起来'挖地雷'就是了。偶尔考一回 79 分不一定是坏事，可以帮助你发现自己知识网络上的小窟窿，早做弥补，以免关键时刻成为'陷阱'。"妈妈安慰中包含着忠告。

"得嘞！今天好好休息，明天我非把这份刁钻古怪的卷子琢磨透了不可!"吃饭之前，孩子脸上的阴霾已经一扫而空。

这是典型的"成人—成人"模式——平等交流，重在鼓励。

比较上述三种角色立场，每位家长都可以重新作出选择。

三、权威型家长一定有"权威"吗

【案例】刘健的父亲是一位现役军人，他相信在教育子女的问题上家长必须有权威。所以对孩子平日里表现出的小毛病，从不姑息，总是非常严格地要求他。刘健的家规之严及孩子的听话、懂事、有礼貌在宿舍大院都是出了名的。

但是，一个偶然的机会，他父亲发现孩子和小朋友一起玩耍时，表现得却像个"窝囊废"。别的孩子当红军，刘健就是"白狗子"；别的孩子要演警察，刘健就扮小偷。和同龄的孩子相比，刘健明显地缺少主见，胆小怕事，不像其他孩子那样开朗自信。

刘健父母都是大事儿小事儿拿得起也放得下的人，不知道为什么刘健会如此懦弱、盲从？其实，孩子也想当红军、当警察，但是，他好像不会拒绝别人的任何要求。

【案例分析】

1."一贯正确"的家长教会了孩子"盲从"

这是一位"权威型"的家长。他给了孩子全面的关心，也对孩子提出了"全方位的要求"。由于家长本身素质较高，又注重以身作则，在孩子眼里的形象是近乎完美的。更何况，这种类型的家长还常常运用自己的社会支持系统，包办孩子从幼儿园到就业岗位的"全程服务"。

在"一贯正确"的"全能家长"面前，孩子除了"服从"还能做什么呢？久而久之，孩子便形成了一种思维和行为定式，只要听话、服从，努力按照家长的要求去做，前面就是"一马平川"，万事无忧。

盲从一旦成了习惯，即便是更换了发号施令的对象，孩子也不习惯用自己的头脑思考，用自己的理智判断，甚至也不习惯表达自己的意见了——因为通常他很少有自己的主见。这是"权威型"家庭教育模式中经常让家长困惑的问题。因此，正是权威的家长"教会"了孩子盲从，剥夺了孩子选择的权利。

2.权威型家长的"首因效应"

行为心理学家曾经认真地观察过许多动物包括人类婴儿的早期认知行为发展，结果发现了许多类似的现象。刚出壳的小鸭子，会毫不犹豫地追随它睁开眼睛看到的第一个移动目标，无论这个目标是不是自己的鸭妈妈；同样婴儿会对自己看到的第一张面孔（一般是妈妈）格外关注,而对其他面孔表现得比较冷漠;从小盯着电视屏幕长大的孩子,看电视的专注程度也明显高于其他孩子,甚至听不到别人的呼唤,这种现象被称为"首因效应",也叫"刻印效应"。

首因效应说明了最早接触最熟悉的人和事物对孩子的影响根深蒂固。在孩子成长的过程中,家庭教育的影响具有首因效应。当然,这种首因效应的影响包括正负两个方面。良好的家庭文化环境、父母相对健全的人格,有利于孩子的全面发展;而不良的家庭环境,也会使孩子"如入鲍鱼之肆,久而不闻其臭"。因此,家长权威对孩子的影响也具有两面性:在孩子年幼、尚不具备辨别和选择能力的时候,家长的权威起到保护和规范作用,在孩子开始主动探索,并能自己作出选择的时候,家长的权威常常起到压制作用。

【教师指导家长应对策略】在家长权威和孩子权利之间寻找"平衡"。

任何权威都以尊重与服从为支撑。孩子没有发自内心的对父母的尊重和心悦诚服,家长的权威就无的放矢。是否尊重父母、服从父母,选择的权利在孩子手中。因此,在家长权威与孩子权利之间存在着某种微妙的平衡关系。

(1)体现家长权威的"家规",不应当成为家长管理孩子的"单向指令"。

如果家规只是家长"规矩"孩子的手段,那么家长和孩子之间就失去了最起码的人格平等。家长既是"立法者"又是"执法者",而且享有不受制约的特权,孩子成了"管制对象",他们对家规的态度自然会变得消极。因此,家规应当成为家庭成员共同制定、共同遵守的行为规范,即便是父母违反了,也应受到批评和惩罚。这样孩子在守规矩的同时,也掌握了"规矩面前人人平等"的原则,为将来适应社会打下良好的基础。

(2)在日常生活中,家长要鼓励孩子表达自己的意见和看法,尊重孩子保留自己意见的权利。即便家长的意见完全正确,也要允许孩子有一个逐渐接受的过程;家长错怪了孩子或做错了事情,也应当坦率地承认错误,这样做,不仅不会损害家长的权威,反而能使孩子更加尊重家长并学会独立思考和处理问题的能力。

(3)制定家规和保持家长权威的目的不是仅仅让孩子学会服从,而应当是让孩子懂得"正确行为的益处"。

例如,按时作息可以保持精力充沛;讲究卫生可以保证身体健康;礼貌待人会使人际关系融洽;遵守纪律可以使自己获得更多的自由等等。明白了这些道理,孩子就不会因为"怕家长"而守规矩,而是认同了规矩本身的合理性,从而学会了守规矩。

四、专制型家长为什么"治不了"孩子

【案例】李刚的家长念书少,给孩子讲不出多少道理,教育孩子比较武断,信奉无论到什么时代,老子和儿子都不能差了辈分。为了教孩子走正道,家长对孩子经常连打带骂,总算让调皮捣蛋的小子有了点"怕头儿"。孩子上小学时,家长基本上能说一不二,现在孩子上了中学,长得人高马大的,讲道理,根本说不过他;动手吧,孩子力气比家长还大。看着孩子瞪着家长那种"厌恶仇恨"的眼神儿,家长心里明白,这孩子是"治"不了了,他现在对大人是口也不服心也不服。

学校有一次搞调查,让孩子回答"自己最想做的事情是什么",李刚竟然写下了"最想快快长大,早点离开不喜欢自己的老爸和自己不喜欢的家!"听了这话,李刚爸爸心酸地流下了眼泪。他难过地说:"我甘愿当'恶人'图的是啥?不就是为了让他长点出息吗?"

【案例分析】"被管制"的敌意消解了一切教育效果。

没有人会怀疑这位家长对孩子"恨铁不成钢"的心情及真诚的爱。但是,企图用棍棒和责骂让孩子了解这一点,通常是徒劳的。使用这种最原始的方式保持自己对子女的控制权,往往在孩子幼小的时候比较"灵验"。因为相对于五尺高的大人,孩子是"弱者",只能逆来顺受。但是,孩子会长大、会反抗,甚至有一天还会因此对抗父母。特别是处于"心理断乳期"、自我意识迅速发展、强烈渴望得到尊重和认可的中学生,

由"被管制"产生的敌意足以消解一切教育效果,甚至从根本上动摇他们对父母之爱的信任。在极端的情况下,还会发生离家出走等悲剧事件。

【教师指导家长应对策略】帮助孩子长起来,家长先要蹲下来。

要帮助孩子健康成长起来,父母首先应当"蹲"下来。当然,这个"蹲"字不是一种"姿态",而是一种"心态"。在孩子幼小的时候,蹲下来和孩子平等对话,倾听孩子的心声,了解孩子的愿望,保留一份"童心"、"童趣",投入地分享孩子成功的欢乐和成长的烦恼,决不可以简单地用成人的标准要求孩子,不"达标"就打骂伺候;在孩子成长的过程中,蹲下来以"仰视"的目光欣赏孩子的成长。细心的家长会欣喜地发现,成长是孩子生命本能的需要,孩子的成长既不需要家长的拔苗助长,更不需要家长的急风暴雨地"督促"。家长唯一要做的,是研究孩子成长的需要,并以春风化雨的方式提供"场外指导"。

五、溺爱型家长一定能培养出有"爱心"的孩子吗

【案例】把"爱"理解为无条件满足

把爱理解为"无条件满足孩子的一切要求"的家长很多。可是,很少有人想到,泡在"蜜水"里的孩子在心安理得地享受这份爱的时候,将会怎样领悟生活。苏联教育家马卡连柯在其著名的教育学代表作《父母必读》中,记述了一位优秀的图书管理员维拉的家庭生活悲剧。这位在单位里备受尊重的先进工作者,在家里却是一名真正的仆人。她不仅承担全部家务劳动,而且把个人消费压缩到最低限度。整整一个漫长的夏天,她只有一条黑色的旧裙子应付一切场合,鞋子也是补了又补的。一位本来端庄典雅、风韵犹存的中年女性,硬是被沉重的生活压成了一个"丑老太婆"。而她的两个正在上中学的儿女却什么活儿都不干。儿子游手好闲,女儿花枝招展,并且理直气壮地对妈妈颐指气使。维拉不忍心要求女儿干粗重的家务活儿,因为她不愿意看到女儿白嫩的小手变得像自己的双手那样粗糙;维拉不舍得为自己添置一件像样的衣裳,因为她知道女儿随时会有新的要求等待她去满足;维拉从不要求身强力壮的

儿子帮她一把,因为她知道男孩子不愿被圈在家里。于是,她默默地用自己的爱心去奉献,保证了一双儿女优裕的生活,也培植了他们敌视劳动、贪图享乐的恶劣的习惯。针对维拉的悲剧,马卡连柯尖锐地指出:人们时常说,我是母亲,我是父亲,一切都该让给孩子吧,为了他们可以牺牲一切,甚至牺牲自己的幸福。但是这实在是父母能够送给孩子的最可怕的礼物了。这种可怕的礼物就是一剂溺爱的毒药。在我们的生活中,像维拉这样的家长又何止万千!

【教师指导家长应对策略】给孩子理性的爱。

血浓于水的骨肉亲情,从孩子第一声啼哭开始,父母逐步形成了对孩子关注和满足孩子一切需求的抚养习惯,使许多父母的爱心情不自禁地"跟着感觉走"。困了给枕头,饿了给食物,冷了给衣服,宁可自己千难万难也不让孩子受委屈,于是形成了家长表达爱的"通用模式"。缺少理性的爱只能培养出习惯于拥有、获得、索取的孩子。给孩子理性之爱,家长需要把握 3 个原则:

1.永远只给孩子健康成长必需的东西,而不是奢侈的东西。

孩子上体育课、参加运动会、户外活动需要一双大小合脚、比较舒适的运动鞋,在家庭条件允许的情况下,这是应当满足的,但是,非要高价位的名牌,就是"虚荣"而不是"必需";孩子身体发育需要荤素搭配、营养合理的配餐,山珍海味却不是必需的;穿衣服的原则是保暖舒适、活动方便、大方得体,追赶时髦、出风头绝非必需。

2.永远只为孩子做他们成长必需的,但他们暂时还力所不能及的事情。

凡是孩子自己能做的事情,家长都不必继续代劳。例如,家长应当给不会拿勺的婴儿喂饭,但进入幼儿园之前,他们必须学会自己吃饭;家长可以替上幼儿园小班的孩子系鞋带,但孩子必须尽快学会自己做;家长可以帮助上小学的孩子洗大件衣物,但内衣袜子他们完全有能力自己洗干净;小学高年级以后,包括整理房间、洗衣、做饭等孩子则应当完全自理。学习方面也是一样，记住老师布置的作业，独立完成家庭作业都是孩子"自己的事情"，都属于"自己做"的范畴。家长决不能越俎代庖。否则，你的孩子可能永远长不大，或者拒绝长大。

3.当孩子遇到"成长的烦恼"的时候，尽可能只做"场外指导"，决不"包办代替"。

孩子的成长必须付出代价。代价之一就是遭遇各种困难和挫折。陪伴孩子成长的过程是家长的责任，替孩子解决问题却是愚蠢的方法。"授人以鱼"和"授人以渔"的差别对家庭教育效果的影响是巨大的，因为几乎没有家长能一辈子为孩子遮风挡雨。学学狐狸妈妈吧，让我们的父母之爱更加理性。

六、放任型家长能"放心"吗

【案例】王明爸爸是个没有多少文化的家长。送孩子上小学的第一天，他就实实在在地对老师说过："从今天开始，这孩子就交给老师了，不听话，打他骂他都可以，孩子成龙成虫全靠您了。凭我这点文化水平，的确也教不了孩子。老师，这么着吧，吃喝拉撒归我管，教育的事儿归您了。"从那以后，孩子学校里的事儿王明爸爸就没过问，他相信老师总会比家长办法多。可没想到，孩子就是不争气，三天两头给家长惹麻烦。王明爸爸现在一接到老师的电话就紧张，不知道不省心的孩子又闯了什么祸。说实话，他心里是有点儿抱怨老师的。难道把孩子交给懂教育的人也不行吗？

【案例分析】"放任"和"放心"像鱼和熊掌一样不可兼得。

放任型的家庭教育方式最突出的特点是"养而不教"。家长把教育的责任一股脑儿地推给了学校，却忽略了学校只是孩子生活时间和空间的1/3。即便学校给孩子的影响全部都是正确的（事实并非如此，学校教育也有自身的缺陷，孩子在学校也会遇到各种烦恼），这种影响也在时时刻刻与社会环境、家庭影响互相作用，有时候还会互相抵触。对孩子的教育采取放任自流的态度，父母不关心孩子心灵的成长，孩子在不同的生活环境中得到的大量互相矛盾的信息,就会使他们无所适从。在面对几十名学生的情况下,老师也不可能与每一名学生都有充分的思想交流。事实上,学校在绝大多数情况下,充其量也只能对学生校园内的言行进行教育和管理。除全日制寄宿学校外,学生的 8 小时之外的言行,学校是鞭长莫及的。于是,放任型家庭的孩子就有了一个无人监护的"灰色地带",染之苍则苍,染之黄则黄,由错误认知导致的偏差行为在所难免。因此,"放任"和"放心"就像鱼和熊掌一样是不可能兼得的。

【教师指导家长应对策略】别把文化低当成逃避责任的借口。

家长拥有较高的文化素养的确是实施家庭教育的有利条件,但这并不意味着文化水平低的家长就可以逃避教育责任。许多大字不识的农民能把孩子培养成人、培养成才,显然是靠了文化水平以外的人格力量。

第四节　孩子对学习没兴趣怎么办

【案例】刘磊上小学三年级,学习成绩一塌糊涂。作为家长,刘磊父母最怕学校开家长会,每次老师留下"问题学生"的家长"单兵教练",刘磊父母都感到非常难堪。其实,所有的任课老师都说孩子并不笨,就是太贪玩儿,明显缺少学习兴趣。每天晚饭后写家庭作业,更是一场软磨硬泡、斗智斗勇的拉锯战,经常拖到睡觉前的几分钟才能勉强应付写完,有时干脆就不写作业。老师天天批、刘磊父母经常训,陪读、悬赏、打骂,软办法、硬办法都试过了,孩子毫无长进,刘磊父母该怎么办?

【案例分析】学习成了负担,"求知"的过程不再快乐。

如果问孩子们什么时候最快乐?几乎所有的家长和孩子都会说,当然是玩儿的时候最快乐。许多孩子对功课之所以不感兴趣,根本的原因正在于作为"求知"过程的学习被人为地变成了"任务"和"负担",求知的过程变成了完成老师家长"规定任务"的过程,孩子成了被动的学习机器。因此,笼统地说孩子缺少"学习兴趣",可能并不准确。

对于孩子来说，"学习"并不仅仅是教科书上规定的生字和习题，它还包括孩子用自己的眼睛看世界所了解的一切事物，甚至也包括在游戏中。孩子在玩儿的过程中"学"到的东西常常超出了成人的想象。

对于许多家长来说，更应当关心的问题恰恰是：我的孩子对哪些事物最感兴趣？其中是否包含了激发学习动机的积极因素？

【教师指导家长应对策略】让孩子感受"求知"的快乐。

1.要努力发现孩子的兴趣中心。

对课程学习缺少兴趣的孩子并不一定对任何事情都不感兴趣。对自己喜欢的游戏、活动、电视节目、连环画，甚至自己喜爱的某种手工制作等，许多孩子都会表现出异乎寻常的兴趣。家长如果能尽早发现孩子比较稳定的兴趣中心，并给予肯定和指导，对帮助孩子提升学习兴趣会产生积极的作用。

家长可以从研究孩子"玩儿的兴趣"入手，发现孩子"玩儿的学问"，即游戏中包含的"求知的萌芽"。例如，有的孩子特别喜欢收集各种汽车图片，对各种新款汽车如数家珍；有的孩子喜欢自己动手制作各种模型，为自己创造性劳动的成果深深陶醉；有的孩子喜欢玩儿电脑游戏，从"三国演义"、"星际争霸"到"魔兽世界"无所不通……诸如此类的玩儿，都有可能耽误功课，但如果引导得法，也有可能转变为学习的动力。喜欢收集汽车图片的孩子可能梦想有朝一日自己成为汽车设计师；喜欢小制作的孩子可能希望把小模型变成大发明；沉迷游戏的孩子可能希望自己将来成为更高明的电脑游戏制作者……家长如果能够充分肯定孩子玩儿的权利，看到孩子玩儿的内容本身的"科技含量"，再引导孩子处理好学与玩的关系就会容易多了。

2.要耐心地寻找孩子对功课不感兴趣的原因。

有的孩子不爱学习是由于遭遇了太多的挫折导致了深深的自卑；有的孩子是因为方法不当，对大量简单重复的练习感到厌倦；也有的孩子可能因为对学校环境适应困难，将一种消极的情绪迁移到功课上……无论属于哪种情况,过多的批评训斥打骂都不可能真正解决问题。分析孩子对功课"不感兴趣"的原因时,还要注意是"整体"还是"局部"兴趣缺乏,即对所有的功课都不感兴趣还是部分功课不感兴趣。只有找到了真正的原因,才可以对症下药。

3.帮助孩子逐步树立信心,培养孩子的学习兴趣。

家长要逐步帮助孩子树立信心,在表面上"一塌糊涂"的功课中,找出他的"相对优势",给予充分的肯定,鼓励孩子"单项突破",让孩子感到"稍加努力,我也行"。即便孩子所有的功课都不及格,也许其中某一门功课达到50多分,离及格只有一步之遥,稍加努力即可"达标"。在这种情况下,与其批评责备孩子还不如鼓励孩子更加有效。

当孩子对某一门功课由于成功而产生自信和兴趣之后,及时引导孩子将这种积极的情绪体验迁移到其他学科,从"突破一点"到"各个击破"。

指导孩子"主动学习",赶在教师的教学进度之前,鼓励通过课前预习,在教师上课之前就自己找到"新的知识点"。在主动预习功课的过程中,孩子会体验到"追求与探索"的乐趣。仅仅知道学习的重要,一个孩子会认真完成"学习任务";而感到学习本身就是人生的一种乐趣,孩子则会"乐此不疲"。

第五节　孩子写作业磨蹭怎么办

【案例1】赵丽在学校是个文文静静、讨人喜欢的小女孩。她尊敬老师,和同学相处融洽,虽然学习成绩中等,但从来也不让老师操心。

可回到家里,赵丽的磨蹭却消耗掉了父母的全部耐心。每天晚上睡觉之前,安顿自己的布娃娃睡觉得10多分钟,自己洗漱又得10多分钟,早晨起床至少磨蹭10多分钟。这都是小事儿。最叫人不能忍受的,就是无论作业多少,不磨蹭到睡觉时间肯定做不完。

从赵丽上小学开始,写作业就成了让家里人最头疼的事情。刚上小学的时候,父母曾经要求赵丽放学以后写完作业再玩,可赵丽耍赖说,上了一天学,总得让歇一会儿。加上父母下班晚,要求她放了学就写作业也没办法监督。习惯成自然,于是,写作业就成了晚饭后家中最大的难事。为了这件大难事,晚饭以后家里连电视机都关了,生怕孩子受到干扰。父母请教过老师,也问过别的学生的家长,发现虽然不少孩子都有磨磨蹭蹭的毛病,但像她磨蹭得这么"有耐心"的孩子还真不多见。眼看就要上中学了,现在3门功课的作业就得写到10点半,将来七八门功课布置的作业,她可怎么办啊?

赵丽的父母曾经怀疑女儿的智商有问题,担心她比同龄孩子反应慢,但老师说孩子智力很正常。于是,父母仔细地观察了一段时间,发现晚上孩子趴在书桌上的时间虽然很长,但一半以上的时间并没有动笔,大眼睛眨啊眨的,不知道是在思考作业中的问题还是在想其他的事情。对于父母的催促,赵丽多数时候不吭声,实在被催得急了,她会不耐烦地来一句:反正写完了也不能干别的,急什么呀!

【案例分析】"唯一任务"带来的惰性。

爱玩好动是孩子的天性。当孩子上完六七节课放学回家后,适当地放松身心是非常必要的。写作业磨蹭的背后,可能有态度问题、习惯问题,甚至方法问题,但一个不可忽视的原因恰恰在于"反正写完了也不能干别的",或者"反正写完了也不让干别的"。整整一个晚上,让充满幻想、注意力不断变化的孩子面对"唯一的任务",而且这个唯一的任务常常又是单调的、沉闷的、重温日间功课的重复劳动,缺少热情的孩子只能选择"磨洋工"了。

孩子的课余生活需要调节,除了作业之外,他们更需要能令人兴奋的感兴趣的活动,而这一点恰恰被许多家长忽视了。"唯一任务"带来的惰性,是许多孩子写作业磨蹭的主要原因。

【案例2】乐乐从小学到高中都是品学兼优、全面发展的三好学生。她学舞蹈、学游泳、练长跑,每周3个晚上有课外活动,而且一直担任学生干部,但她的作业也是全班写得最清爽、最认真、准确率最高的。

乐乐的父母介绍,乐乐兴趣广泛,喜欢挑战,而且对美非常向往。小学一年级时,看到六一儿童节别的小朋友优美的舞蹈,乐乐就提出要学舞蹈。由于少年宫离家远,怕耽误孩子学习,爸爸妈妈建议她认真考虑后再作决定。乐乐毫不犹豫地表示,决不会因为学舞蹈而影响学习。于是,乐乐自己精心安排了一天的时间,决定每天放学之后在学校把作业写完,再从学校由妈妈直接接去少年宫,上完舞蹈课之后回家吃晚饭,晚饭后再坚持预习第二天的功课,这样就可以了。听了乐乐的设想,爸爸妈妈欣然同意了她的要求。

小学二年级开始,乐乐不仅学习成绩优异,而且她的独舞也成了学校六一儿童节、迎新联欢会的"压轴好戏"。中学阶段,乐乐为了锻炼身体,又选择了游泳和长跑,虽然没有打算成为专业运动员,但她仍然取得了学校运动会女子组 400 米田径第一名。每周一次的游泳训练对增强体质、磨炼意志也产生了明显效果。完成学习任务后,"我的时间我做主",已经成了父母和乐乐的共识。又好又快地完成作业,给乐乐带来丰富多彩的课余活动,乐乐也因为生活中的丰富多彩而更加快乐。

【教师指导家长应对策略】"有条件地"把课余时间的支配权还给孩子。

学习是学生生活的主要内容,完成作业是学生的义务,这是无可争议的。但是,这绝不意味着学习是学生生活的全部内容,作业是课余的唯一任务。家长作为第一监护人,有责任督促孩子圆满完成学习任务,实现发展目标,但没有权利把孩子变成"学习机器"。在保证完成学习任务和保证身心健康的前提下,把课余时间的支配权还给孩子,也许可以一劳永逸地结束家长与孩子之间围绕写作业磨磨蹭蹭展开的"消耗战"。

1.帮助孩子了解"我的地盘我做主,我的时间我做主"。这既是一种权利,也是一种责任。

课余时间的利用不仅关系到孩子今天的成长,同时关系到孩子明天的发展,引导孩子不能盲目地"跟着感觉走",需要进行科学的规划,才能有助于实现自己发展的目标。

2.鼓励孩子根据自己的学习能力和兴趣爱好,对课余时间分配制订出计划,对计划中不切实际的部分,不要简单地批评指责,而要耐心地引导孩子、理性地分析和正确地对待。提醒孩子计划中应当包括的"优先保证项目"和不能兑现时的"自我惩罚"措施。

例如,优先保证项目:每天按时完成家庭作业并进行课前预习。奖励:每天可以看1小时内容健康有益的电视节目,每周玩电脑游戏1小时,但不得影响学习和身体锻炼,一旦学习和正常生活受到影响,例如,当天没有完成学习计划或没能按时作息,则要进行相应的自我惩罚。自我惩罚措施:取消第二天的电视节目;如果期中、期末考试成绩下降,则取消玩电脑游戏计划,直至学习达到预期水平方可恢复等。在确信该计划可以保证学习任务完成并有利于孩子身心健康的前提下,计划应当得到家长的认可和尊重。

3.督促孩子实践自己的计划。

由于孩子缺少自控能力而使计划落实不好时,家长应当及时提醒孩子执行"自我惩罚"条款,并将问题上升到信守承诺的做人原则的高度,激发孩子内在的动力,也可以对执行中的计划做出必要调整。

【案例3】李强似乎生来就和写作业有"仇"。为了不写作业,没有他想不出来的"招儿":不记作业,少记作业,作业本或者记作业的本子"忘到学校里,而且学校锁门了"。如果父母要求他打电话问问同学,他会倒打一把:"现在叫我问同学了,从小就不让我带同学来家玩儿,我谁的电话也不知道!"真不知道他那个脑袋里还有多少拒绝作业的"绝招儿"。几年下来,几乎所有的老师都没辙了。父母从老师的表情里能看得出来,他们已经放弃了这个孩子。但是,让家长感到不甘心的是,这个几乎从来不写作业的孩子,在班里考试竟然不是倒数第一!这似乎给了他不写作业的充足理由,既然有的同学天天写作业,分数也不比自己高多少,有的甚至不如自己,谁知道写这些东西有什么用?

【案例分析】

1.谁知道写这些东西有什么用

"谁知道写这些东西有什么用?"也许道出了孩子拒绝作业的真正的困惑。虽然拒绝写作业的孩子平时做的许多事情,在家长和老师眼里未必就是"有用的东西",但至少可以满足孩子爱玩好动的天性,让他们"喜欢"。而"喜欢"本身就是动力,就有"令人高兴"的价值。孩子不是精明的商人,他们不会在认真地计算了某件事情的"回报率"之后才决定取舍,所以他们常常跟着"好玩的感觉"走;孩子正在长大,他们必须按照社会的要求发展自己,因此,他们也不得不按照成人的要求,去完成自己了解或者并不完全了解其价值的许多事情。"不知道写这些东西有什么用",恰恰是这种矛盾的反映,说明孩子对待作业的态度中缺少了一点儿"成长动机"。

2."匮乏动机"与"成长动机"的差异

按照人本主义心理学家马斯洛的动机理论,人的一切行为都是为了满足某种需求,而人的需求是分层次的。生理、安全、归属、尊重、自我实现、求知、求美是需求的7大层次。其中,为满足生理、安全、归属、尊重的需求而行动的动机,被称为"匮乏动机",为满足自我实现、求知、求美的内在需求而行动的动机,被称为"成长动机"。当匮乏动机占主导地位时,行为能够满足的只是最基本的需求,即解除紧张、避免伤病、维持平衡。比如,缺乏食物会饥饿,缺乏基本保护会受到伤害,不被认可会孤独,得不到尊重会自卑等。只有在成长动机占主导地位时,人才会感到快乐、有成就感,真正享受学习和工作的过程,得到求知和审美的愉悦,取得从事某一活动持久的内部动力。在许多认真写作业的孩子中,有的是为得"小红花"写作业的,有的是因为喜欢、高兴、有成就感而写作业的,他们的差别就在于需求层次不同。因此,培养孩子"成长动机",帮助孩子了解"为什么要写这些东西",追求更高层次的需求满足,会比简单的责骂更有效。

【教师指导家长应对策略】把写作业的过程变成"证明学习能力的过程"，着眼于培养成长动机，引导孩子正确对待家庭作业，家长需要把握以下几个环节：

1.永远不要从"任务"、"负担"的角度和孩子讨论作业问题。

当孩子开始对作业表示抵触时，明智的做法是告诉孩子：农民春天耕耘，有权利看到秋天的收获；工人辛苦做工，有权利看到劳动的成果；科学家废寝忘食地工作，有权利欣赏自己发明创造的成果；几位老师教了你们一天，有权利知道自己教会了多少；你们辛辛苦苦地听了一天课，也同样有权利盘点一下自己的收获，看看自己比昨天多"知道"了些什么。既然老师布置作业和学生完成作业的唯一目的，就是了解"教"和"学"的成果，哪个孩子不愿意和老师一起"收获"呢？

2.引导孩子把完成家庭作业的过程作为证明自己能力的"成长"过程。

孩子智力优势有差别，兴趣爱好不同、学习习惯不同，写作业花费的时间亦不同，但所有的孩子都可以通过完成作业证明自己的能力，见证自己的成长。家长应尽量多给孩子正面的鼓励，少一些批评指责。

3.无论你的孩子比别人"好"还是"差"，永远不要拿孩子的作业完成情况和其他孩子做比较。

因为这种比较要么证明你的孩子不如别人，要么证明你的孩子还应该"更好"。

无论孩子是否已经努力，这样通常会让孩子"很受伤"。因此，鼓励孩子和自己的昨天比，让他们为自己的进步感到鼓舞和兴奋，逐步学会自己遇到问题时去寻找解决的方法，帮助孩子逐步养成主动地、有计划地完成作业的好习惯。

第六节　孩子"偏科"怎么办

【案例】董伟才上初中二年级，就已经明显"偏科"。数理化已经达到参加"奥赛"的水平，每天的作业更是"小菜一碟"，经常有同学打电话请教他数学问题。但他所有需要记忆、背诵的课程，政治、历史、地理、英语等，表现的比较弱，有的课程勉强及格，个别课程甚至不及格。老师、家长没少提醒他，可是根本没用。他动不动还发牢骚说：偏科有什么不对？本来就没有"全才"。我将来要么靠数理化成绩保送上大学，要么就是这种死板的考试制度断送了一个数理化天才！其实，这孩子的话虽然狂了点，但也不是没有道理。可是，当家长的知道，教育制度不会为了我们家的"数理化天才"网开一面，保送上大学的前提是先得上个好高中。所以，思来想去，指望数理化成绩保送还是"悬"，帮助孩子克服"偏科"才是正道。但是面对理直气壮偏科，却又"不思悔改"的孩子，真不知道如何是好。

【案例分析】导致孩子偏科的原因非常复杂，智力结构、兴趣、情感与挫折体验都可能导致偏科。

从孩子自身分析，同样"聪明"的孩子，智力优势可能差别很大，有的善于形象思维，有的擅长逻辑思维，有的理解优于记忆，有的记忆力好于理解能力，有的擅长语言表达，有的擅长动手操作……通常，孩子们在自己擅长的领域会有更优秀的表现，容易形成学科偏好；就兴趣而言，孩子们更是千差万别，有的喜欢体育，有的喜欢艺术，有的喜欢文学，有的喜欢机械，有的喜欢计算机网络，有的喜欢兵器知识、航天科技、汽车航模；从情感体验的角度，孩子特别容易根据对任课教师的好恶决定自己对某一门课程的态度，即通常所说的"亲其师，信其道"；从挫折体验的角度，孩子们还容易"讨厌"让自己"丢脸"的功课等等。

从外部影响分析，父母的职业、家庭文化氛围、教师的态度与行为、社会舆论的影响等，也都是孩子学科偏好形成的重要影响因素。

【教师指导家长应对策略】扬长补短，形成"T"形知识结构。

人生苦短，全才难寻。所有功课均衡发展、门门优秀对于绝大多数孩子是不可能的，更何况"全面发展"也不等于"平均发展"。未来社会既需要雄才大略的复合型管理人才,更需要各行各业的专门人才。"T"形的知识结构,则可以使孩子拥有更加广阔的发展空间。

所谓"T"形的知识结构,是强调相对全面的基础知识和专业特长所代表的"核心竞争力"。"T"字的一"横",代表相对全面扎实的基础科学文化知识;"T"字的一"竖",代表专长,即"人无我有,人有我精,人精我特"。在强手如林的人才竞争中,如果一位"IT"产业精英能够开发高水平的新软件,却难以用准确形象的语言表达它,并使用户了解和接受它,那么他的劳动就变成了"自娱自乐",无法实现社会价值。可见,初中就开始偏科肯定会对合理的知识结构的形成产生不可挽回的影响。

矫正偏科不能用"削平山头"的消极办法,而应当在充分肯定孩子优势科目学习成绩和经验的基础上,逐步做到"群峰并立",缩小落后科目的差距。

第一步,把消灭"不及格"科目作为近期奋斗目标,帮助孩子明白,不及格课程很可能成为实现发展目标的"绊脚石",必须搬开。

第二步,在落后课程上升到"不拖后腿"的水平时,要鼓励孩子总结经验,寻找进一步提升的空间,直至孩子自己满意并达到相对稳定水平。

第三步,努力保持优势科目在学习过程中的领先地位,把长项发展到最高水平。这既可以增强孩子的自信,也可以通过这种自信心对其他学科的迁移带动整体提升。

针对偏科的不同原因,家长还要用心地在认识层面、师生互动层面、学习方法层面进行有针对性的引导。例如,对于因为不喜欢某一位教师而敌视其所教课程的孩子,可以引导他们客观地分析师生关系存在的问题,客观地评价教师的教学水平,正面讨论教师的教育方法给孩子带来的负面感受,把对教师的意见和对课程的态度区别开来。必要时也可以从改进师生关系入手解决偏科问题。

一般说来,孩子进入新的学习环境,不会在所有的课程上齐头并进、同时突破。家长要细心地发现孩子在新的学习环境中相对适应较快的课程,指导他们总结成功的经验,举一反三,推动学习能力的全面发展。即便是所有的课程都没有达到优秀水平,及格与不及格、吃力与不太吃力也可以作为区分的标准和进步的起点,家长应尽量帮助孩子鼓起信心和勇气。

第七节　为什么孩子考试总是紧张

【案例】曲畅平时学习态度非常端正,完成作业非常认真,进了高中后更非常用功,简直就差"头悬梁,锥刺股"了,有时候她刻苦努力的程度到了让家长心疼的地步。平时她学习认真,而且学得扎实,成绩也挺不错。根据她平时的成绩,老师认为考上"重点本科"应当非常有把握。但是,让老师、家长、孩子自己都很困惑的是,曲畅怕考试。按说,平时不好好学习的孩子因为心里没有"底",怕考试还情有可原,可是,为什么本来"胸有成竹"的孩子也会怕考试?曲畅自己也很苦恼,大大小小的考试她都紧张。基本上是小考小紧张、大考大紧张,关键时刻的考试更是紧张得一塌糊涂,有时候甚至大脑一片空白。考试前后,她经常会做梦,有时梦见从未见过的难题,有时梦见迟到进不去考场的情景,有时甚至梦见已经考得一塌糊涂的场面。而且,无论准备得多么充分,她都会觉得肯定还有自己没复习到的问题。孩子现在已经高二,明年就参加高考了,怎样才能帮助孩子解决考试紧张的烦恼?

【案例分析】患得患失必有失。

考试紧张也叫"考试焦虑",是学习过程中常见的心理困扰,严重时甚至可以发展为考试恐惧症。就像生活中有人从"晕船"发展到"晕码头"一样。弗洛伊德曾经对这种焦虑作了很学术的定义,他认为考试焦虑和儿童时期因不端行为受到的惩罚有关,而且会无意识中受到过去经验的强化。用通俗的话说,就是焦虑情绪产生和起源于童年某些不愉快的经历。这个观点提醒我们,同样是面对考试焦虑,每个孩子的初始原因可能大不相同。倘若能够发掘出孩子第一次焦虑的诱因,对比较彻底地解决这一问题会很有帮助。上述案例中,展示的是一个"无论准备得多么充分,学得多么踏实,都还觉得自己没有准备好"的孩子。虽然从中难以发现"初始原因",但很显然是由于过分追求完美,过分看重考试之外的东西而导致的患得患失,这无疑是导致这个孩子心理紧张的重要原因。

【教师指导家长应对策略】克服"不合理信念",让孩子把注意力向"学习过程"聚焦。

关心学习成绩、考试排名,无论是对于老师、学生和家长都是非常正常的。通过成绩评定,可以了解老师的教学水平、学生的学习状况,是改进教学的重要依据。更何况关键时刻的考试又是人生道路上的分水岭,从这个意义上讲,考试紧张是必然的。适度的紧张甚至有利于激发学习动机,帮助孩子保持良好的学习状态。例如,时不我待的紧迫感、圆满完成学习任务的责任感等,都伴随着适度的心理紧张。但病态的紧张焦虑则会影响水平发挥,是需要进行调适的。在少数情况下,严重的考试焦虑,特别是伴随躯体症状的焦虑,就需要专业心理辅导师或心理医生的帮助;大多数情况下普通的考试紧张可以通过自我调节得到缓解。家长帮助孩子"减压"可以采取以下措施:

1.家长可以尝试指导孩子澄清对考试的认知,克服"不合理的信念"。

许多考试紧张的孩子都存在这样或那样的"不合理信念"。例如:

(1)别人都很从容,只有我胆战心惊——以偏概全;

(2)虽然我平时成绩还可以,但是我害怕考试,总是小考小紧张、大考大紧张,关键时刻紧张得一塌糊涂,不可能考出本来的水平——绝对化;

(3)现在离考试还有好几天,我就开始紧张了,这次肯定会砸——糟糕至极!

正是由于诸如此类不合理信念的存在,孩子常常是人还没进考场,

心理上就先输了"底气"。因此,作为家长,可以引导孩子逐个分析并破除上述不合理信念:

(1)别人未必都从容,多数人和我一样紧张,有人可能比我还紧张——这是事实;

(2)过去虽然我考试经常紧张,但实际上考试成绩并不太糟糕,可能成绩比我期望的低了点,但绝不是"逢考必败",我不应该自己吓唬自己——不应该先输了志气;

(3)如果我从现在开始放松心情,保持正常的作息规律,眼睛只盯住需要复习的科目,"只问耕耘不问收获",全当是了解一下自己知识掌握的情况。尽心尽力,力争无悔,考就考吧,没什么可怕的,我没有必要想得太多。

随着不合理信念逐一被攻破,孩子的心理紧张就会得到一定程度的缓解。

2.考试之前以及考试过程中,要指导孩子养成注意力向学习过程、解题过程"聚焦"的习惯,摒除杂念,把握此时此刻。陀螺在高速运转时平衡度最好,因为中心集中在一个点上。学习与考试的过程本来就是很单纯的,前者是为了掌握知识、形成能力,后者是为了测试学习过程取得的成果,并证明自己已经具备的能力。考试是真实再现自己已经掌握的东西。考场上,学生眼里应当只有尚未解决的问题。至于身边有人提前交卷、已经回答的卷面能得多少分、如果考砸了怎么办等毫不相干的问题,决不应该占用宝贵的脑细胞去关注和思考。

3.对于确实曾经因为紧张而考试失手,而且尚未走出失败阴影的孩子,在征求专家意见的基础上,可以采取必要的治疗手段或"安慰剂疗法"。即根据心理医生的处方,服用必要的镇静药物或替代药物,为孩子营造一个安静的心理环境:"心理医生已经帮助了我,今天我不会再紧张了。"

对于习惯性考试紧张的孩子,还可以在心理辅导老师的指导下,进行一些必要的行为训练,通常也会有明显的效果。

第八节 孩子考试受挫怎么办

【案例】刚刚过去的这次期末考试,成绩一贯稳定在班级前十名的张炯考砸了。考到了班级第三十二名。孩子特别沮丧,老师和家长也非常吃惊。看到孩子寝食难安、不断自责的样子,家长不忍心责备他,但又不知道怎样去安慰他。

【案例分析】对偶然失利缺少心理准备。

经常考砸的孩子一般不会产生如此深刻的自责,只有"常胜将军"才会对一次偶然的失利耿耿于怀,因为他们从来没有"失败"的心理准备。通常,人们对成功的预期越高,失败带来的打击就越大,这孩子看来是被这次偶然的失败打晕了。他需要一个"苏醒"的过程,经历从震惊(怎么可能?)—愤怒(为什么是我?)—悲哀(简直糟透了!)—接受(既然已经考砸了,痛又何益?)—反思(我得找找原因!)的一系列情感体验。这是一次从失败中学习的经历,没有人可以代替他,但家长或老师可以推动这一体验的进程。

虽然考试失利对于孩子来说不是好事,但如果以豁达乐观的心态去面对,孩子从中学到的东西肯定是不可替代的。

【教师指导家长应对策略】把"失利"当成修补知识漏洞的最好时机。

面对因考试失利而沮丧的孩子,家长应以温柔体贴之心待之。

1.理解孩子的震惊与不安,明确告诉孩子,爸爸妈妈也和你一样感到惊讶:因为"这不代表你的真实水平"——同情理解中包含肯定,让孩子感觉到虽然自己这次考砸了,但父母仍然充分肯定我的学习能力。

2.理解和包容孩子"莫名的愤怒"——孩子的愤怒并不针对任何人,只是不能接受考试的结果。也许,家里会出现这样的场面:"孩子,该吃饭了!""我不饿!""考砸了也不能和肚子赌气吧?有什么事儿吃饱了再说。""你们烦不烦哪?能不能叫我一个人待会儿?"此刻,面对孩子的不冷静,家长最忌讳的一句话就是:自己考砸了,对大人发脾气,你还有理了？理智的回应应当是，以口头或书面方式告诉孩子：爸爸妈妈知道你心里难受，你可以自己待会儿，饭菜在桌上，吃的时候要加热。温柔提醒：别耽误了上学！

3.鼓励孩子把压抑的情绪宣泄出来。当孩子开始表达自己的沮丧和难过时，家长应给予体谅的回应。语言的回应包括"我知道……"、"我了解……"，肢体动作的回应包括给哭泣的孩子递上纸巾、轻轻地拍打后背、拥抱等，让孩子感觉到情感的支持。

4.当负面情绪宣泄之后，鼓励孩子反思考试失利的原因，从"塞翁失马"中寻找有利因素。此刻可以明确地告诉孩子，爸爸妈妈并不认为偶尔考砸一回就是坏事情。如果通过分析考砸的原因，找到自己知识网络上的"漏洞"，你就消除了未来更重大考试或实际应用知识时的隐患，这不也是坏事变成好事的转折点吗？

不经一事，不长一智，从失败中吸取经验，也是孩子成长的必修课。

第九节　如何引导青春期的孩子与异性交往

孩子从进幼儿园开始，家长就鼓励他们交朋友，并认为这是将来参与社会生活的很重要的本领。通常情况下，对幼儿园、小学阶段孩子青梅竹马的异性朋友，家长一般不会放在心上：孩子还小着呢！然而，一进初中，父母的眼睛，特别是女生父母的眼睛立即处于"高度戒备"状态，对孩子与异性同学的交往变得异常敏感。有的家长为了防止孩子"早恋"，甚至明确禁止孩子与异性同学来往。青春期的孩子可不可以有异性朋友？其中的"度"应当怎样把握？

家长错误地把孩子的异性朋友等同于恋爱对象。禁止孩子与异性同学交往的家长，通常有一个共同的思维逻辑：朋友人人需要，青春期的孩子交同性朋友是正常的，而交异性朋友则等于早恋。于是，孩子的社交圈被父母一下子砍掉了 1/2，不逆反才怪！

【案例】于玲是一位乖乖女。从小学到大学一路都是班干部、学生干部。她聪明,学习好,人缘也好,朋友很多,男生女生都有。父母从来没有刻意限制她的交往,甚至不反对小干部们课余时间在家里"讨论工作",赶上节假日,甚至还提供茶点。宽松的环境让于玲感到了父母的信任。尽管经常有男同学的电话、生日贺卡,但直到高中毕业,于玲的青苹果岁月都没有"绯闻"。中学的同学,有些成了大学时代的朋友。

【教师指导家长应对策略】既不"草木皆兵",也不放任自流。

对青春期的孩子与异性朋友的交往,家长首先应当尊重和理解,视为孩子成长过程中的正常经历。既然他们在日常生活中也必须面对异性师长、同学、亲友,那么,选择谁做朋友是孩子的权利,没有必要把性别问题作为一个独立的前提条件。当共同的兴趣、爱好,客观存在的集体或组织把孩子们聚拢在一起时,性别壁垒原本是不存在的。限制孩子与异性朋友交往,肯定不是预防早恋的最佳策略。因此,家长大可不必对孩子与异性朋友的交往"草木皆兵"。

对孩子与异性朋友的交往采取"阳光的心态"并不意味着可以放任自流。事实上,孩子在集体或组织内、在集体活动中的异性交往,与一对一的个别交往具有完全不同的意义和结果。

公共环境、集体活动中的交往是培养孩子交往能力的重要平台,也是青少年异性交往相对安全的场合。家长可以鼓励孩子在集体中大方得体地与异性同学、老师、朋友交往。如要求男孩子学习和展示自己的绅士风度,要求女孩子学习并展示自己的淑女风范,并在交往中注意他人的反馈,自觉克服不得体的言行举止,在正常的异性交往中掌握健康文明的两性交往方式。

对于孩子过早的、过于亲密的一对一的异性交往,应给予及时的提醒、人生的忠告和行为的规范。

第十节　孩子"上网成瘾"怎么办

【案例】为了防止李浩上网,家里到现在没敢买电脑。也许这样做更糟糕了,他从初二开始就成了网吧的常客。从节省自己的零花钱去网吧,发展到借钱去网吧、偷拿父母的钱上网,管急了就干脆去夜间不关门的通宵网吧。孩子自己承认,可以不上学,不能不上网;可以不吃饭,不能不玩新游戏。互联网到底有多大的魅力,能让孩子如此上瘾?

【案例分析】网络传播内容和方式的诱惑与现实生活的困扰。

关于孩子上网成瘾的原因,已经有大量的研究成果。每一个孩子迷恋网络的具体理由可能千差万别,但发展到上网成瘾的地步,通常都受到两个基本因素的影响,一是网络传播内容与方式的诱惑;二是现实生活中遇到难以克服的困扰。自20世纪互联网等信息技术问世以来,短短几十年工夫,已经彻底改变了人类社会的学习方式、生活方式、交往方式,数字化生存变为现实。网络大量信息和瞬间沟通的便利,对充满求知欲望、迫切要求接纳与认可、急于展示自我的青少年具有无法抗拒的吸引力。生活中他们是弱者,是"教育对象",网络上他们可以做主人,甚至可以独步天下。从"星际争霸"到"魔兽世界",一路闯关夺隘带给他们的内心快乐是其他活动难以替代的。他们还可以开博客,做播客,当版主,尽情展现自己的聪明才智。特别是在学业不顺、人际关系不良、情感遭遇挫折等时候,网友的安慰、理解、支持,使互联网成了他们最后的"精神避难所"。

【教师指导家长应对策略1】认知协调和行为矫治双管齐下。

青少年"上网成瘾",是信息时代家庭、学校、社会教育面临的一个全新的问题。在"喜欢上网"、"沉湎网络"到"上网成瘾"之间,有一个渐进的发展过程。不同阶段的干预,效果会有很大差别。

对于只是喜欢上网、行为尚未失控的孩子,应当进行预防性教育引导,帮助孩子明白网络不是洪水猛兽,而是现代社会一种很有用的工具,但网上良莠杂陈的信息对青少年却是一把"双刃剑":一方面,它可以极大地开阔青少年的视野,把最好的、最有用的知识瞬间展示给你;另一方面,网上的文化垃圾也会用最快的速度传播。青少年接受新事物快,又不善于辨别良莠,特别容易受到影响。因此,必须学会驾驭互联网,让它

"为我所用"，并用在有益的方面。

　　对于已经开始沉湎网络的孩子，可以从矫正不合理的认知入手，帮助孩子尽快认识到陷进网络不能自拔的后果，通过提供更安全的上网环境、讨论网络行为自律守则，家长帮助监督执行等方法，防止孩子上网成瘾。在这一阶段，尽量不要用简单粗暴的办法对待孩子上网问题，如不给零花钱，每天上学、放学押解等。因为这些比较极端的方法不仅于事无补，还会伤害孩子的自尊，导致逆反心理。而这时温和、尊重、信任更能唤醒孩子内在的自觉性。

　　对于已经"上网成瘾"的孩子，应当说服孩子寻求专业心理咨询。在专家的指导下，家长配合进行行为矫治，帮助孩子明白沉溺于"虚拟世界"的危害，注意和孩子的思想情感交流，适当带领孩子进行户外活动，逐步减少上网时间，引领孩子一步一步走出困境。

　　【教师指导家长应对策略 2】引导孩子学会安全"上网"，规范孩子上网行为，培养孩子的选择能力。

　　安全的底线是上网行为不危害孩子的身心健康。让孩子安全上网是所有家长的共同心愿，做到这一点需要家长和孩子共同努力。家长有责任规范孩子的上网行为，孩子也应当具备基本的选择能力。

　　1.有条件的家庭应当尽量让孩子在家里上网。电脑最好放在书房或客厅等公共活动区域，以便将孩子的网上活动置于家长的监护之下。一旦发现孩子进入青少年不宜的网站，家长应及时给予提醒。

　　2.对孩子进行网络"游戏规则"教育，使孩子明白互联网是一种公共的信息通道，进入互联网必须遵守网上"交通规则"，既不能接受、也不能制作和传播违反社会行为准则的不良信息，对网上五花八门的内容要学会取舍。

　　3.可以给孩子布置必要的"网上作业"，要求孩子向父母介绍"今天我在网上看到了什么"，了解孩子怎样利用互联网，指导孩子在网上寻找人类文明最优秀的成果。

4.就上网时间和孩子"约法三章"。比如,每周可以有 1 小时到 2 小时的上网时间,但前提是不影响学习、休息、家务劳动和正常的体育锻炼。如果孩子违反承诺,就应当为此付出代价:扣除下周的上网时间,或在一段时间里不允许再上网等。

5.如果时间条件允许,家长也可以和孩子一起进行网上漫游,交流上网心得,坦率地告诉孩子,大人也会对网上游戏和聊天感到入迷,但是,网络不是生活的全部,我们都得学会"自我约束"。

第十一节　怎样指导孩子应对人生的挫折

生活好了,保护多了,孩子好像更脆弱了。许多家长特别看不上现在孩子的娇气,可又表现得无可奈何。孩子遇到困难就放弃、遇到点挫折就退缩,有事就推给家长去"摆平"。更有甚者,为了一点儿鸡毛蒜皮的小事儿,动不动还离家出走甚至"死给你看"。提高孩子的承受能力和应对挫折的能力,是家庭教育无法回避的问题。

原因分析:孩子从小被剥夺了体验挫折的机会,抗挫折能力很难提高。

青少年的脆弱常常与童年时代过多的保护有关。许多家长把不让孩子感到挫折,不让孩子感到"为难"作为自己义不容辞的责任,包揽了孩子成长过程中遇到的所有问题,也剥夺了孩子体验挫折的机会。孩子和小朋友争玩具,家长一句话:咱不稀罕,妈妈给你买个更好的!于是,孩子不再需要体验"得不到"的挫折感,也不需要经历协商与妥协达成目的的艰难过程,问题已经被妈妈买单解决了;孩子不喜欢班主任老师,爸爸就动用社会关系给孩子"换"个班主任,于是,孩子也不需要体验"不被老师理解"的挫折感,不需要学习与不同老师相处的技巧了;孩子闯了祸,本来应该受到法纪处罚,家长出面为孩子"抹掉污点",于是,孩子不需要经历重大人生挫折带来的痛苦体验就"轻松过关",庆幸之余又能学会什么呢?

【教师指导家长应对策略】让孩子经历挫折,接受挫折,战胜挫折。

1.孩子成长的过程总会伴随各种各样的挫折体验。

家长没有必要人为地"创设挫折情境"。当孩子学业受挫、竞选班干部落选、自尊受损、友谊破裂、人际关系失和,以及出现不慎过失的时候,他们事实上都在经历挫折。对于诸如此类的问题,家长切忌急于"出手相助"。让孩子经历挫折,是认识挫折、学会应对挫折的第一步。孩子有权利为自己遭遇的挫折感到痛苦悲伤,有权利学习自己"舔伤口"的本领,在孩子经历挫折时,家长要做的第一件事情就是陪伴孩子,让孩子感觉到关心和信赖,感觉到自己并不孤单。

2.人在挫折中必然会思考许多问题。

面对现实、承认失败、尝试接受这个不理想的结果,是迈向建设性方向的关键。当孩子陷入痛苦思索时,家长要做的是推动孩子向前看。已经发生的事情不可改变,尚未着手的事情可以预期,既然太阳每天都是新的,今天的任务肯定不是追悔昨天,而是迎接新的太阳,创造新的自我。鼓励孩子从挫折和失败中获得经验教训,孩子可以从中积累战胜挫折的力量。

3.面对孩子的挫折和失败,家长不可以责骂、训斥。

和孩子一起分析原因,鼓励孩子在跌倒的地方勇敢地爬起来,以越挫越勇的精神去迎接挑战、跃过前进道路上的障碍,比任何责罚更有效。

4.在日常生活中,要特别注意孩子意志品质的培养。

良好的抗挫折能力来源于顽强的意志。在我国源远流长的文化传统中,富贵不淫、贫贱不移、威武不屈的仁人志士始终是整个中华民族的人格榜样。在人类历史上做出过卓越贡献的人,也大多是意志顽强、锲而不舍的人。现实生活中,最成功和最落魄的人之间的显著性差异,常常也并不表现在智力因素方面,而是集中表现在自信心、进取心、工作热情、坚韧精神等非智力因素方面。显然,由决心、信心、恒心三个相互联系的阶段构成的意志过程,既可以帮助人们抵制不符合行动目的的主观因素的干扰，又能够帮助人们持久地维持已经开始的符合目标的行动。下决心要做，有信心做成，遇到困难挫折有恒心坚持到底，"胜利常常在于再坚持一下的努力之中"，道理正在于此。因此，对孩子在日常生活中表现出的良好意志品质的萌芽，要及时给予肯定。

第十二节　怎样全面地培养孩子

有人作过这样一个比喻：如果一个孩子，品德好，学习好，但身体垮了，这就好比是"废品"；孩子身体好，品德好，但学习不好，相当于"次品"；如果孩子身体好，学习好，但品德不好，那就相当于"危险品"。

家长都希望自己的孩子能够健康地成长，全面地发展。一般说来，孩子的可塑性是非常大的，从影响孩子世界观、人生观、价值观和性格等形成的主要环境因素看，一是家庭，二是学校。家长作为孩子最亲的人和"第一任教师"，对孩子的影响显得更为重要。

一、培养孩子的爱心

在生活中，虽然仍有少数孩子生活在"被爱遗忘的角落"，但大多数孩子已经生活在充满爱的环境里了。可令人费解的是，不少沐浴着爱成长起来的孩子事实上却缺乏爱心。用"近朱者赤，近墨者黑"的道理似乎无法解释这种现象，难道给孩子的爱和照料本身不是培养孩子爱心的最好方法吗？

原因分析：

1.过量的爱麻木了孩子爱的神经。

我们身边有许多孩子缺乏爱心，并不是因为他们的生活中缺少爱，而是因为他们习惯了接受爱、享受爱、索取爱。身边成人过量的爱恰恰麻木了孩子爱的神经，钝化了他们对爱的敏感，所以才会有不会感动的孩子，对父母的爱和奉献永不满足的孩子。正像任何一种营养物质的过多摄入都会产生负作用一样，过量的爱在孩子身上也必然产生负作用：麻木或排斥。

2."爱心"成长需要"土壤"。

爱心通常被解释为关怀爱护他人的思想和情感。生活中虽然有许多不会感动的孩子,但也有背着生活不能自理的母亲上大学的现代孝子,用小小肩膀支撑家庭的爱心少年。"穷人的孩子早当家"不断地被验证,其中一个重要原因就在于孩子从小体会到父母养育自己的艰辛,并由此萌生了分担生活压力的责任感。在"分担家庭生活压力"和"自己的事情别人做"这两种完全不同的环境中,有机会分担压力的孩子,更懂得关心爱护他人。

【教师指导家长应对策略】给孩子付出爱的机会。

在家庭生活条件日益改善的今天,每个家庭都很少需要孩子分担生活压力了。能干的父母主动包揽了一切,也包括了本应属于孩子自己面对的问题。在"全能"的家长面前,孩子失去了付出爱的机会,爱心成长必然缺少了动力。家长应把付出爱心的机会还给孩子,让孩子通过日常生活中点点滴滴的小事情,逐步养成付出爱、回报爱的习惯。

【案例】3岁半的儿子已经奔跑自如,小胳膊也比较有力气了。一天早晨,妈妈给刚刚起床的儿子提出了一个挑战性的问题:

宝贝,想不想试试自己的力气有多大?

想! 妈妈,你叫我干什么?

妈妈想知道你能不能把房间里的痰盂端到卫生间,有问题吗?

当然没问题!

儿子端起了有半盆容量的痰盂,稳稳当当地朝卫生间方向走去。

也许是受到了痰盂味道的刺激,走到一半,儿子恍然大悟:妈妈,你骗人! 你为什么叫我倒痰盂! 里面又不全是我尿的!

奶奶走了过来:还是给我吧。

妈妈制止了奶奶,并在痰盂边蹲了下来,拉住儿子的小手,看着儿子的眼睛说:宝贝,妈妈没有骗你。我的确想试试你的力气,也想叫你倒痰盂。因为在要求你倒痰盂之前,我要知道你能不能做到。现在看来没问题了,你可以做到。你说得很对,痰盂里的小便不全是你尿的,也有奶奶一份。想没想过,在你能端起痰盂之前,你们房间的痰盂总是奶奶倒的,对吗?

儿子认真地点点头:对。

奶奶不光是为你倒痰盂,还喂你吃饭,帮你擦屁股,带你出去玩儿,帮你做过许多事情,对吗?

对呀!

奶奶为你做过这么多事情,她为什么不委屈?

为什么呀?

因为奶奶爱你呀!

我也爱奶奶!

爸爸妈妈工作忙,是奶奶帮助我们把你带大的。你今天长成小男子汉了,有力气了,该不该为奶奶做点事?

儿子不好意思地笑了:当然了!

那以后你们房间的痰盂该谁倒?

小男子汉!儿子的回答格外响亮。我还可以下楼取牛奶、到食堂买馒头……

奶奶欣慰地笑了,在孙子的小脑门儿上狠狠地亲了一下。

给孩子付出爱的机会,是爱心成长最适宜的土壤。

二、培养孩子的责任感

【案例】关波上初三了,长得高大帅气,也很阳光,但就是没有责任感。家对他来说,好像就是免费服务的饭店、旅社,爸爸、妈妈就是义务服务员。不仅倒了油瓶不知道扶,就连自己的袜子、内衣也得家长帮着找。好不容易达成了"君子协定",承诺每天扔垃圾袋,坚持了三天又不了了之。虽然家长举手之劳为自己的孩子多干点事是应该的,但孩子总这么下去也挺愁人的。怎样才能比较有效地培养孩子的责任感呢?

【案例分析】最负责任的家长培养了没有责任感的孩子。

过度的保护、过分的呵护，恰恰是充满爱心的家长亲手剥夺了孩子责任感成长的机会。当孩子幼小的时候，家长心甘情愿地包办了孩子的一切，孩子任何"承担责任"的尝试都被家长以"帮忙就是添乱"为由加以阻止：刷碗怕打碎了碗；洗袜子怕弄湿了衣服；擦玻璃怕从窗台上掉下来；擦地板担心拖把杆碰坏了电视机屏幕；买东西又怕弄丢了钱……总之，家长有足够的理由拒绝孩子证明自己能力的各种尝试。久而久之，孩子自然不会认为自己还有什么必须承担的责任。所以，几乎所有抱怨孩子没有责任感的家长，都是最有责任感的人。他们不仅承担了本来属于家长的责任，也自觉地承担了本来属于孩子的责任。最有责任感的家长剥夺了孩子责任感成长的机会。

【教师指导家长应对策略】让孩子有机会为自己感到自豪。

责任是人生应有的负荷，否则生命就会遭遇"不能承受之轻"。一个人所能得到的全部认可和荣誉，都和履行责任的努力紧紧地连在一起。承担责任的能力还是生命成长的标志。培养孩子的责任感，家长要努力提供让孩子为自己"自豪"的机会。

尝试着做从来没有做过的事情，是孩子求知欲、好奇心、行动欲望的表现。这种"自己做"的愿望，从小就应该受到鼓励并不断予以强化。让孩子有机会为自己感到自豪，是培养责任感的重要途径。

1.家长可以充分肯定孩子"你真棒！""你能行！"

当孩子第一次要求或主动尝试做某件力所能及的事情的时候，家长只需要把注意事项和操作程序简洁地告诉孩子，把可能发生的情况及时提醒孩子，并真诚地为孩子喝彩就足够了。即便事后需要为孩子"打扫战场"，也比包办代替高明得多。

2.把孩子通过尝试证明有能力承担的事情逐步转化为一种责任，让孩子感到自己"应该做"。

作为家庭成员应该分担家务劳动，作为社区成员应当承担社区义务，作为公民应当承担国家赋予的责任。孩子一旦懂得了这个道理，"接受责任"就有可能成为一种良好的行为习惯,成为证明自己能力发展的契机。

3.鼓励孩子为自己行为的后果承担责任。

冒犯了别人要有勇气承认错误并道歉;给他人或社会造成了财产损坏或经济损失要从自己的压岁钱或零花钱中尽力补偿;作出了承诺没能兑现应当有合理的解释并作出相应的补偿等。让孩子明白,有些事情虽然家长做起来可能更轻松、更完善,但是,由于家长不愿意剥夺孩子成长的权利,才必须由他们自己来做。

三、培养孩子的好习惯

自己没有孩子的时候,常听别人讲:孩子还是自己的好。但是,真正当了父母才发现根本不是那么回事儿。也许是因为和孩子天天生活在一起,审美疲劳的缘故,孩子身上的毛病父母看得比谁都真切。虽然家长对孩子从小要求比较严格,但不知道什么原因,孩子在生活、学习以及待人接物等方面始终没有形成父母所期望的好习惯。既然家长该要求的都要求了,为什么孩子还会缺乏好习惯呢?

原因分析:

1.好习惯不是"要求"出来的。

所有的家长都希望孩子拥有能够终身受益的好习惯。但是,培养好习惯的方法却不是简单的说教。事实上,好习惯在很大程度上不是"要求正确"就会自然形成的。正如人的正确思想不会从天上掉下来,不会从娘胎里带出来,不会从脑瓜里长出来一样。泡菜的味道是由泡菜水决定的;孩子的习惯是由家庭和生活环境的氛围熏陶出来的。家长相敬如宾,待人彬彬有礼,孩子容易形成讲礼貌的习惯;家长古道热肠、乐于助人,孩子容易形成热情慷慨的习惯;家长爱岗敬业、忠于职守,孩子容易形成做事认真的习惯;家长起居有节,孩子容易形成良好的作息和卫生习惯。反之,家长信口开河、语言不文明,孩子也容易形成讲脏话、胡说八道的习惯;家长沉湎于不良嗜好,孩子也容易受到消极影响……如果家长总是对孩子提出自己从不打算实践的行为要求,孩子永远不可能把良好的行为习惯化。

2.习惯是万物的主宰。

人们通常把长期养成的、不易改变的行为、倾向或风俗归类为习惯。心理学认为,习惯是人在一定情景下自动地进行某种动作的需要或特殊倾向。例如,当孩子吃饭之前被家长要求去洗手时,饭前洗手还不是他的习惯,只有当饭前洗手成为他自己的需要,不洗手感到不舒服时,这个动作才真正成为他的好习惯。习惯有好坏之分,但无论好坏,习惯都有巨大的力量。

【教师指导家长策略】

1.培养好习惯从婴儿开始,从小事入手,以鼓励为主。

刚刚出生的婴儿由于尚未"习",也就无所谓"惯"。所有后来成为习惯的东西,都是后天"习得"的。有的孩子喜欢含着妈妈的乳头睡觉,肯定是妈妈"习惯"用喂奶的方式哄孩子睡觉的结果;有的孩子不好好吃饭,一般是大人追着喂、赶着喂"惯"出来的;有的孩子把哭声作为武器使用,那是屡试不爽的"习惯"……因此,培养好习惯,应当从婴儿开始,从生活中的点点滴滴入手,让孩子逐步"习惯成自然"。

例如,培养孩子良好的生活习惯,可以从饭前便后洗手、按时作息开始;培养孩子良好的学习习惯,可以从每次集中精力写15分钟作业开始;培养孩子文明礼貌的习惯,可以从恰当地称呼家人、邻居开始;培养孩子爱劳动的习惯,可以从整理自己的玩具开始等等。当孩子有意或无意中做出符合规范的行为时,及时的肯定或鼓励可以起到正面强化的作用。

2.对于孩子的不良习惯,矫正的方式应符合孩子的心理特点和理解能力,应多鼓励、少批评。

家长与其简单地批评孩子不讲卫生,不如偶尔表扬孩子被子叠得整齐、指甲剪得干净、房间整理得整洁;指出孩子不会保护牙齿,不如和孩子比一比谁更会刷牙;指责孩子乱花零钱,不如鼓励孩子学习储蓄和理财,鼓励孩子把平日的零花钱省下来,在爷爷、奶奶、爸爸、妈妈过生日的时候给他们一个意外的惊喜、给即将分手的同学留下一份怀念、给远方的朋友遥寄一份深深的祝福等等。世界上最伟大的管理原则:"人总是乐意去做受到鼓励的事情。"培养孩子良好的行为习惯,可以提出要求,说明这样做的益处,但更重要的是在这种行为出现的第一时间给予充分鼓励。

四、培养孩子的自知之明

【案例】孩子自卑肯定不好,但总是自我感觉"超级良好",也会让人觉得挺"不靠谱儿"。就算是"骄傲"也得有点资本吧?但"活宝贝"小亮没有资本也骄傲。本来学习成绩也就在"第二梯队",愣说人家学习好的孩子是死读书的"书虫",智商不一定比自己高;明明被老师批评了,反倒"阿Q"似的抢白"老师的鼻子都被我气歪了";本来缺少艺术细胞,看到别的同学参加学校文艺活动为班级赢得荣誉,就说人家是雕虫小技;更离谱的是竟然用"大凡天才必有怪癖"为自己不想改正的毛病辩护。

【案例分析】超级良好的自我感觉源于对自我认识的不足。

自知之明是个人对自己比较透彻的了解,尤其是对自己缺点的了解。孩子对自己过高的评价,一般和自我知觉的发展水平有关。在人的成长过程中,一般要经过物我不分、人我不分的阶段,区分人我的阶段,认识自我的阶段。青春期的孩子正处于自我观念形成的关键时期。他们迫切需要得到他人和社会的肯定,进而完成自我接纳。每个人在认识自我时都会存在盲区。

按照心理学的原理把人的自我认识划分为"己知人知"、"己知人不知"、"人知己不知"、"人不知己不知"四个阶段,孩子们的后两部分通常要大于成人。这也是人生阅历的必然过程。孩子本来对自己了解有限,又急于肯定自我,眼睛更多地看到自己的优点,经常来点"阿Q"精神,也属于正常的心理防卫现象。

【教师指导家长应对策略】让孩子给自己画张像。

帮助孩子客观全面地认识自己,团体心理辅导中常做的"我的自画像"是非常有效的方法。具体做法是,要求孩子经过认真思考,用一组形容词简要回答五个问题。根据孩子不同年龄阶段,可以选择让孩子自己写出答案,也可以给出一组答案让孩子选择最符合自己的形容词。

例如:

父母眼中的我:孝顺、乖巧、倔强、叛逆、省心……

老师眼中的我:聪明、勤奋、活泼、少年老成、调皮捣蛋……

同学眼中的我:热情、开朗、乐于助人、勤奋努力、够"酷"……

朋友眼中的我:忠诚、正直、能够保守秘密、有个性、随和……

我的自我评价:积极、乐观、骄傲、自卑、以自我为中心……

完成这个作业的过程,也是孩子"以人为镜"对照自己的过程。当孩子看到在不同人的眼里的自己拥有的不同形象时,原来的自我评价可能产生动摇,并作出某些修正,孩子对自己的认识也会变得更加客观、全面。

当孩子通过给自己画像,学习接受一个优点与缺点并存的自我时,学习改进和完善自我时,他们的自知之明就开始健康地形成了。

五、培养孩子的知人之明

【案例】王鹏上学稍微早了点,整个小学阶段都是大孩子的小跟班,从来没有当过"干部"。由于学习不错,上初中以后,他被老师指定为班长。

一个学期下来,可把孩子累坏了。好像班里什么事都是他在忙:收发作业、检查值日、安排护旗手、组织运动会报名……学习也因此受到一些影响。家长问孩子,班里不是有班委会吗,为什么不是大家分担工作呢?王鹏的回答让家长哭笑不得:"委员倒是有一大堆,但谁知道他们会干什么?随便分了一下工,结果谁也不当回事,我不干谁干?当班长就得认倒霉呗!"原来,孩子压根不了解别人想干什么、能干什么。

如果这事发生在开学之初,不了解别人还说得过去,但整整一个学期过去了,班长竟然还不了解班委,这肯定是个问题。估计孩子对其他同学的了解可能更少了。当不当班长倒不是什么大问题,但孩子没有知人之明,将来如何立身处世?

【案例分析】

1.不能心中有"事",目中无"人"。

本案例中的小班长显然是有责任心的。作为一个"认倒霉"的班长,他的问题出在心中有"事"但目中无"人"上。造成这种局面不是因为孩子狂妄,认为自己可以包打天下,而是因为他不了解哪些人适合做哪些事,谁能够把哪件事情做得更好。换句话说,处在需要用人的岗位上却不"知人","善任"自然也就无从谈起。

2.现代管理的金科玉律。

没有管理就没有秩序、没有效率、没有和谐。大到管理一个国家,小到管理一个班级、一个家庭,负有管理责任的人事实上只需要做好一件事情:在最合适的时间、最合适的地点,把最合适的人放到最合适的位置上,让他们去做最合适的事情,最好的效益就包含在其中。作为现代领导科学、管理科学的金科玉律,它要求处在领导管理岗位的人知人善任。"知人"是"善任"的前提。"知人之长"通常比"知人之短"更有意义。

【教师指导家长应对策略】鼓励孩子去发现并欣赏别人的优点。

无论孩子今天是否当干部,明天是否做领导,善于发现和欣赏别人的优点都可以使他们终身受益。

1.任何性格类型的孩子都有优点。自然界没有两片树叶是相同的,人世间没有个性完全相同的人。意志型、情绪型、理智型,独立型、顺从型,外向型、内向型的孩子,各有各的优缺点。

2.学习成绩处在任何梯队的孩子都有优点。不能因为某些同学考试成绩暂时落后而歧视或排斥他们,忽略他们身上本来拥有的许多优点。在班级活动中,他们同样可以发挥很好的作用并证明自己的价值。

3.任何家庭背景的孩子都有优点。无论家庭富裕还是贫困、家长社会地位高低、文化教养如何,在完全不同的环境中长大的孩子,都会有自己的优点。富裕家庭孩子的"出手慷慨"并不能把贫困家庭孩子的"节俭"比成"小气";知识分子家庭孩子的"教养"也不能证明工人农民子弟"粗犷爽直"就是"不够文明",这些只是差别而已。

4.因为错误或过失受过批评和处分的孩子也有自己的优点,不能让"标签效应"影响了对他们的客观评价。犯错误和改正错误是每个孩子的权利,改正错误和接受教训的过程同时也是成长的过程。而发挥其优势和长处的,也是改正错误的有效手段。

如果孩子正在担任校学生会干部、班干部工作,家长要鼓励孩子用所有同学的优点的集合共同实现组织目标;如果孩子尚未被赋予相关责任,也要鼓励孩子坚信"三人行,必有我师"的古训,学会欣赏他人,培养知人之明,并用他人的优点作为自己的榜样,不断完善自我。

六、培养孩子的竞争能力

竞争已经成为人生无法回避的生存方式。上学、就业、创业、晋升,人生没有一个环节可以避开竞争。因此,从小培养孩子的竞争意识、竞争能力,已经成为家庭教育的重要内容。但是,孩子常常无法理解家长的一片苦心。要求宽松了,孩子没压力,稍微逼得紧一点,还怕出现各种问题。怎样才能在保证"安全"的前提下培养孩子与他人的竞争能力?

原因分析:

1.不能把竞争仅仅理解为战胜别人的残酷搏杀。

在现代汉语词汇中,几乎所有用"竞"字构成的词都包含了"争"的意思。竞猜、竞聘、竞选、竞赛、竞买、竞岗等等。通过竞赛争取优胜是竞争的本意。但把竞争仅仅理解为战胜别人、压倒对手的一种残酷搏杀则过于狭隘。无论是奥林匹克运动会上的竞赛,还是商场、职场上的激烈竞争,与强手过招儿的过程都包含了对自身的超越,只不过竞争对手的存在更加激发了主体自身的潜能。竞争对手不是敌人,战胜对手也不是竞争的最终目的。没有必要把孩子的注意力过多地引向战胜别人、证明自己的方面。客观上存在的竞争关系只是对人生的一种砥砺。

2.真正的对手永远是自己。

"胜人者有力,自胜者强。"这句古语包含了非常深刻的道理。许多时候,人们把自己的失败归结为竞争对手的强大,这常常是一种托词。即便是在敌强我弱的战场上,以少胜多、以弱胜强的例子也不胜枚举。选择暂时性的战略撤退也不是承认失败,而是为了获取更大的胜利;战场上没有常胜将军,屡败屡战直至胜利的例子举不胜举。在学业、职业竞争中,被人打倒不可怕,但自己选择放弃才可怕。跌倒了可以再爬起来,只要坚持不放弃,坚持拼搏奋斗,总有东山再起的时候。

【教师指导家长策略】摒弃自我设限,鼓励孩子挑战和超越自我。

培养孩子的竞争能力,家长需要传授的并不是打败别人的绝招儿,而是鼓励孩子不断挑战和超越自我。

1.引导孩子摒弃任何形式的自我设限,防止和克服消极的自我暗示。

由于懒惰和惯性,孩子有时候会选择退缩,有时候会接受消极的自我暗示。例如,不想做的事情可能会用"我不行"作为理由,或用"我没做过,我害怕"等自我设限。在这种情况下,家长应当建议孩子改变自己的表述方式,用"我不知道自己行不行"代替"我不行",用"我虽然没有做过,但愿意试试"代替"我没有做过,我害怕",鼓励孩子尝试突破原来的"自我设限"。

2.引导孩子充分肯定自我。

当孩子面对每一个"第一次"时,应当提醒孩子又是一个"成长的机会",通过尝试,你可以知道自己有多聪明、多能干、多强大。接受挑战,即便是做得不够完美,你也可以学到原来不了解的东西,掌握原来不具备的本领,这本身就是收获。而退缩与回避将一无所获。

3.引导孩子学会科学、合理地比较。

想赢怕输是面对竞争普遍的心态。孩子们有时候对事物、事情不会科学、合理地比较。如果比赛只比结果,冠军和第一名永远只有一个,

99%以上的孩子都是"失败者";如果比较过程中取得的进步,则凡有进步即是"成功者";如果只比别人,永远都会有人比自己更聪明、更优秀,必然会产生挫败感;如果和自己的昨天比,成长的感觉非常快乐,进步的感觉非常充实。

4.鼓励孩子努力超越自我。

在条件允许的情况下,鼓励孩子参加拓展训练、团体心理辅导活动,让孩子亲身体验突破自我和超越自我的感受,巩固积极的心理定式。

5.帮助孩子了解公平竞争、有序竞争的游戏规则,以阳光心态面对竞争。

学会尊重竞争对手,虚心学习竞争对手的优点,对竞争对手给自己的激励心存感激,主动和竞争对手交朋友,争取在公平的竞争中共同进步。

七、培养孩子的合作能力

生活在激烈竞争的时代,孩子的竞争精神、竞争能力固然很重要,但是,不懂得团结协作也会给孩子适应未来的社会带来许多隐患。有些孩子自我表现欲望、明星意识很强,但合作意识和协调能力比较弱。竞争班级、学生会、共青团、其他学生社团干部位置时非常积极踊跃,需要做绿叶扶持别人时则心不甘,情不愿;能够拿到名次、出风头的活动积极参加,需要默默无闻奉献的琐细工作则很少问津。家长当然也希望自己的孩子成为众人瞩目的"明星",但是,没有人可以在一切领域、一切时候都是"明星",即便是明星,也离不开幕后工作人员的协助,团结协作能力显然对任何人都是需要的。问题在于,在"独生"、"独养"的环境中怎样培养孩子的合作能力?

原因分析:

1.过分强调竞争扼杀了孩子的合作意识。

独生、独养的环境使现在的孩子缺少了早期社会化的伙伴,对于形成合作意识的确是一个不利因素。但托幼机构的普及,在很大程度上弥补了这一缺陷。更值得注意的问题是,现在的家庭教育在从各个方面不断强化竞争意识的同时,相对忽略了团结协作意识的培养。当孩子被早早从温暖的被窝里搜出来,坐在父母自行车前座上,穿过半个城市去上高收费的贵族幼儿园时,当父母不惜重金为孩子择校时,"不能输在起点上"的概念已经在孩子幼小的心田里扎下了根;父母对考试成绩和加分特长的关注进一步强化了孩子"输不起"的观念;学校的成绩排名、社会的就业压力无一不在强化孩子们的竞争意识,在全力以赴投入学业竞争的过程中,孩子们习惯了把"关我何事"作为口头禅,合作意识尚未形成已被扼杀。

2.不完美的个人与完美的团队。

与学习是一种相对比较个人化的行为不同,几乎所有的社会活动都需要合作,包括儿童游戏和家庭生活。

【案例】《西游记》里的唐僧和他的 3 个徒弟是一个"工作团队"。作为个人,他们个个都不完美:唐僧一介书生,肩不能担、手不能提,甚至一日三餐也要别人打理;孙悟空非常情绪化,受点委屈就跑回花果山;猪八戒贪财好色;沙僧缺少主见……坦率地说,单独依靠他们当中任何一个,都无法演绎出如此惊心动魄的取经故事;单看每个人的缺点毛病,也无法想象他们何以完成如此艰难的任务。但是,不完美的个人却凭借每个人的优点组成了完美的团队:唐僧追求永恒理想的虔诚信仰和坚韧不拔的意志品质,孙悟空识妖辨怪的火眼金睛及高强本领,猪八戒的大钉耙和浑身的蛮力气,沙僧的拾遗补缺和任劳任怨,共同保证了取经大业的顺利完成。

【案例分析】

1.一个家庭是一个"生活团队"。

有人担当经济支柱,有人担当精神支柱;有人长于挣钱养家,有人精于管家理财,有人乐于营造整洁温馨的环境……没有家中全体成员的团结协作,平凡的日子会过得无滋无味。

2.一个班级是一个"学习团队"。

人人遵守纪律,学习环境有保障;大家互相帮助,遇到困难容易克服；人人贡献特长，班级活动会非常活跃……只有大家共同参与，团结协作，这个集体才会凝聚力量，才能帮助每个人成长进步。

3.个体不完美并不可怕。

完美的团队可以弥补每个人的不足，顺利地达成组织目标，并使个人价值得以实现。

【教师指导家长应对策略】学会合作从澄清目标和了解自身的局限开始。

需要合作的场合，必定有一个个人无法达成的目标。澄清这个目标可以帮助孩子了解合作的重要性。世界已经进入全球化时期，单枪匹马包打天下的时代永远结束了。不仅仅是宏大的战略思维需要调动方方面面的力量才能实现，而且小小的少先队、小队活动也需要孩子们齐心协力。当孩子了解了单单靠自己的力量不可能一小时擦干净5千米长的马路护栏时，他自然理解了分工合作的必要性和自己在集体中应该扮演的角色。

面对需要合作才能实现的目标，应该引导孩子看清自己知识、能力、时间、精力的局限性，承认这种局限性是尊重和接纳他人的心理基础。当一个人认为自己样样都行时，通常不懂得谦卑，不会尊重他人。一旦认识到自己在许多方面需要仰仗别人、依靠别人的支持，才能合作共赢，他就会彻底放弃"骄傲"的态度，把团结合作作为生活的"常态"予以接受。

平凡的家庭生活可以给孩子提供学会合作的第一平台。例如，星期天大扫除家庭成员应分工协作，合理分配给孩子力所能及的任务，并要求每个人对自己承诺的任务负责。平日家庭事务要养成合理分担的习惯，并设置"责任提醒机制"；鼓励孩子在学校积极参加团队活动，在集体中发挥自己的作用并体验价值感；在居住的社区带领孩子积极参加公益劳动和社区文化活动，让孩子体会社区成员团结协作对于建设和谐社区温馨家园的意义和作用。在这个过程中，孩子会明白"众人拾柴火焰高"、"众手浇开幸福花"的道理，逐步养成团结合作的习惯。

参考文献

【1】边玉芳.心理健康[M].上海:华东师范大学出版社,2007.

【2】陈鹤琴.家庭教育[M].上海:华东师范大学出版社,2006.5.

【3】张晓辉、马艳君.教师怎样与家长有效沟通[M].长春:东北师范大学出版社,2010.

【4】万玮.班主任兵法[M].北京:华东师范大学出版社,2009.6.

【5】张万祥.班主任专业成长100个千字妙招[M].北京:华东师范大学出版社,2012.10.

【6】王晓春.今天怎样做班主任[M].北京:教育科学出版社,2010.6.

【7】郑英.班主任,可以做得这么有滋味[M].北京:教育科学出版社,2010.6.

【8】陆海富.班主任对学生的激励与处罚[M].长春:吉林大学出版社,2010.4.

【9】张海卿、郝德骅.教师如何开好家长会[M].长春:吉林大学出版社,2012.4.

【10】赵军.教师如何开好家长会[M].长春:吉林大学出版社,2012.4.

【11】郑学志.与学生家长"过招"——班主任的家长工作艺术和技巧[M].北京:中国轻工业出版社,2011.2.

【12】蓝献华.家教漫谈[M].上海:上海社会科学院出版社,2011.1.

【13】张华.当代中国家长的99个困惑与应对策略[M].北京:中国青年出版社,2009.8.

【14】刘在花.青春期间问题与教育方案[M].北京:中国轻工业出版社,2009.

【15】于丹丹、郭美光.中学生交往指南[M].长春:吉林人民出版社,2010.